LES ENQUÊTES DE SONYA LWU

MARABOUT

Bienvenue à vous, enquêteurs et enquêtrices en herbe !

Je suis Sonya Lwu, psycho-criminologue, glauque nerd et créatrice de vidéos sur YouTube depuis 2018. Dans ce cahier d'enquêtes, j'ai imaginé dix affaires criminelles que vous allez tenter de résoudre. Bien qu'elles m'aient été inspirées par des faits réels, elles sont toutes fictives. Si vous avez déjà écouté mes vidéos ou si vous êtes un(e) féru(e) de faits divers, il est tout à fait possible qu'elles vous semblent familières, mais attention ! ne vous fiez pas trop à vos idées préconçues...

Avant de commencer, voici quelques explications sur le fonctionnement du cahier de vacances !

Dans ce cahier, vous trouverez plusieurs types d'activités :

- **Les enquêtes à résoudre :** lisez attentivement l'histoire et analysez les indices en annexe pour parvenir à résoudre ces affaires. À chaque enquête correspond sa solution à lire à la fin du cahier.
- **Les fiches "Affaire ..." :** il s'agit de résumés d'affaires criminelles célèbres. Leur lecture vous donnera probablement des indices pour la résolution des enquêtes. À vous de voir si vous souhaitez utiliser cette aide ou non, à condition déjà de parvenir à relier la (ou les !) bonne(s) affaire(s) aux enquêtes qui en sont inspirées car les fiches ont toutes été éparpillées et mélangées par un enquêteur maladroit.
- **Les mini-jeux :** Parce que même le meilleur des enquêteurs a parfois besoin de se détendre, testez vos connaissances avec des quiz, des frises à compléter, des anagrammes, un code à déchiffrer ou aiguisez votre regard avec un jeu des 9 différences sur une scène de crime.

Voici quelques conseils pour vous aider à résoudre les enquêtes :

- ✗ Lorsque vous lisez une enquête, prenez votre temps. Chaque détail peut avoir son importance !
- ✗ Analysez tous les éléments que vous pouvez déduire du texte mais aussi des éléments placés en annexe.
- ✗ Étudiez plus particulièrement la scène de crime, la disposition des objets, le rapport d'autopsie, les empreintes si elles ont été relevées, établissez la liste des suspects et demandez-vous quels sont leurs alibis ainsi que leurs mobiles (le fameux "à qui profite le crime ?").
- ✗ N'oubliez pas également que certains d'entre eux ne seront pas honnêtes et qu'il peut y avoir plusieurs coupables.

Allez maintenant que vous êtes au parfum, installez-vous bien confortablement, tamisez vos lumières... et c'est parti !

SONYA LWU

4
1
00
0

1

L'affaire de la petite Mélodie

Jeudi 29 octobre 2020

La France tout entière est en émoi depuis bientôt trois jours, suite à la disparition de la petite Mélodie, 6 ans. Le plan alerte enlèvement a immédiatement été déclenché dès que ses parents ont signalé les faits. Elle est restée introuvable jusqu'à ce matin, lorsque la terrible nouvelle est tombée : le corps de la fillette a été repêché dans l'étang des Souchères, à quelques kilomètres de son domicile.

Le commissaire Nicolas Meunier se passa le visage sous l'eau froide, puis marqua un temps d'arrêt devant le miroir. Son visage paraissait encore plus fermé que d'habitude.

C'est toujours plus dur quand ça concerne des enfants…

Quelques instants plus tard, il poussa de l'épaule la porte du bureau, où l'attendaient ses collègues. Le brouhaha à l'intérieur de la pièce retomba et tous se tournèrent vers lui, dans l'attente de nouvelles.

– Le rapport d'autopsie est tombé : le voici, dit-il en jetant un dossier bleu clair sur la surface de son bureau. La gamine était déjà décédée lorsqu'on l'a jetée dans l'étang.

Immédiatement, des murmures reprirent dans la salle. Sans y prêter attention, Meunier poursuivit :

– La cause du décès semble être un choc violent au niveau du crâne. Le légiste ne s'est pas prononcé sur la nature de l'objet qui a pu provoquer cette blessure. Mélodie a été retrouvée habillée, ligotée aux mains et aux chevilles. Élise, tu as pu prendre la déposition des parents ?

Élise Benmera acquiesça silencieusement, avant de se racler la gorge pour prendre la parole.

– Je les ai revus ce matin juste après qu'ils ont reconnu le corps. Ils sont complètement sous le choc. Les pauvres, la vie ne leur a vraiment pas fait de cadeau… À peine un an après la naissance de Mélodie, Madame Leroy s'est fait renverser par un chauffard. Suite à cet accident, elle a fait une fausse couche et a appris qu'elle ne pourrait plus tomber enceinte. Le couple, qui rêvait d'avoir d'autres enfants, a dû se tourner vers des méthodes alternatives. C'est ainsi que les Leroy ont adopté, il y a deux ans, le petit Richard, qui avait 18 mois. Depuis, ils mènent une vie tranquille dans un petit pavillon de la banlieue de Limoges. Monsieur Leroy travaille comme directeur financier pour une grande surface tandis que madame est secrétaire dans un cabinet dentaire.

Nicolas Meunier avait plongé la tête dans ses grandes mains.

– Une famille avec ses difficultés, certes, mais sans histoires, si je comprends bien…

– Apparemment, concéda l'enquêtrice, jusqu'à ce que tout bascule le lundi 26 octobre, dans la soirée. C'était les vacances scolaires, les parents avaient posé une semaine de congé pour être avec leurs enfants. Mélodie a joué tout le début d'après-midi dans le jardin, profitant du beau temps. Elle a ensuite pris un petit goûter vers 17 h, une compote, devant un dessin animé dans sa chambre et a fini par s'endormir devant. Sa mère a décidé de la laisser faire une sieste et lorsqu'elle est revenue réveiller sa fille pour l'heure du dîner, Mélodie n'était plus dans son lit. Ce n'estqu'une demi-heure plus tard que madame Leroy, qui a fait tout le tour de la maison sans la retrouver, comprend que sa fille a peut-être été enlevée. Il est alors 19 h 45. À 19 h 53, le couple Leroy se présente au commissariat pour signaler la disparition de leur fille. Le commissaire Meunier remercia sa collaboratrice puis enchaîna :

– Voici les photos de la scène de crime, prises par nos confrères techniciens, le soir même, au domicile de Saint-Victorien. Vous remarquerez qu'il n'y a pas de signe de lutte dans la chambre de Mélodie. La pièce se situe au rez-de-chaussée, et la fenêtre était ouverte. Le rapport initial souligne que l'herbe sous cette fameuse fenêtre a été piétinée. Les recherches de la nuit n'ont rien donné et c'est seulement le mardi matin qu'on a pu entreprendre les battues, sortir les hélicoptères et la brigade cynophile. On a quadrillé la zone et interrogé les voisins. Personne ne semble avoir vu quoi que ce soit, pas de rôdeur dans le quartier, pas de véhicule suspect… C'est aussi le mardi à 11 h que les parents de Mélodie reçoivent, par courrier, cette lettre anonyme.

Meunier appuya sur une touche de son ordinateur portable et tourna l'écran vers ses collègues pour qu'ils puissent voir la photographie de cette feuille blanche, sur laquelle on avait collé des petits carrés découpés dans du papier journal. Le genre de lettre qu'on ne voit habituellement que dans les films.

– On a fait une recherche d'empreintes digitales bien sûr, mais elle n'a rien donné. L'auteur de la lettre s'y connaît suffisamment en polar et a pris la précaution de porter des gants… En revanche, le cachet de la Poste, sur l'enveloppe, nous donne quelques informations : la lettre a été postée lundi à Cheynac, à 7 km du domicile des Leroy, aux alentours de 17 h 45, juste avant la dernière levée.

– Ça ne laisse qu'une petite fenêtre au tueur pour enlever la petite, souffle le brigadier Gabriel Dos Santos à l'arrière de la salle. Ce salaud devait avoir bien prémédité son coup… J'ai tout de suite eu un mauvais pressentiment quand il nous a ouvert la porte.

– De qui tu parles, Gabriel ? s'enquit le commissaire Meunier, en se redressant et en fronçant les sourcils.

– Didier Collard, un voisin des Leroy. D'après ce qu'il nous a dit lui-même lorsqu'on a recueilli le témoignage des voisins le mardi matin, il ne les portait pas dans son cœur. Il semblait envier leur petite vie de famille. Il a même osé se plaindre que sa femme à lui l'avait quitté, il y a dix ans, lorsqu'elle a découvert du contenu pédopornographique sur son disque dur. J'ai imprimé les infos qu'on a sur lui : il a été condamné à 24 mois d'incarcération pour attouchement sur mineur et libéré après un an et demi pour bonne conduite. Pour couronner le tout, il a près de neuf mille euros de dettes sur le dos. Cela fait deux mobiles très crédibles pour s'en prendre à la petite, non ?

– Il a un alibi, ce monsieur Collard ? demanda Meunier.
– Il dit qu'il a passé l'après-midi dans le jardin, à s'occuper de son potager.

Élise Benmera posa son menton sur son poing et avança une hypothèse :

– Donc il aurait pu repérer la petite Mélodie alors qu'elle jouait dehors, puis aurait profité qu'elle soit assoupie sans surveillance pour s'introduire par la fenêtre entrouverte de sa chambre ?
– C'est possible, ça se tient. Mais on n'a pas suffisamment de preuves pour l'inculper. Il nous faudrait des éléments plus concrets.
– Qu'est-ce qu'on fait alors ? On continue d'enquêter pour être sûrs de coincer Collard avant de le convoquer en interrogatoire ?
– Pas la peine… Je pense que j'ai compris ce qui s'est passé… souffla Nicolas Meunier, d'un ton étrange, presque enroué.

Vous aussi, avez-vous deviné qui est le tueur ?

SOLUTION PAGE 76

ANNEXES

CHAMBRE DE MÉLODIE

SALON

LETTRE DU CORBEAU

Votre fille est
entre mes mains.
Si vous voulez
la revoir vivante,
il va falloir payer :
50.000 euros
en cash.
Ne vous avisez
surtout pas de
prévenir la police
de l'existence
de cette lettre.

RAPPORT D'AUTOPSIE

29 octobre 2020, 11 h du matin

J'ai effectué l'autopsie du corps de Mélodie Leroy, à l'institut médico-légal de Limoges.

Résumé des constatations :
La victime est une enfant de sexe féminin d'environ 6 ans. Le corps est d'une corpulence normale à mince pour une enfant de cet âge, il mesure 1 m 25 pour 32 kg. Cuir chevelu couvert de cheveux châtains longs. Les iris sont marron. En début d'examen, le corps est habillé d'un pantalon en velours côtelé violet, d'un tee-shirt blanc et d'un pull à motifs jaunes et roses, ainsi que d'une culotte blanche et de chaussettes blanches. Absence de chaussures.

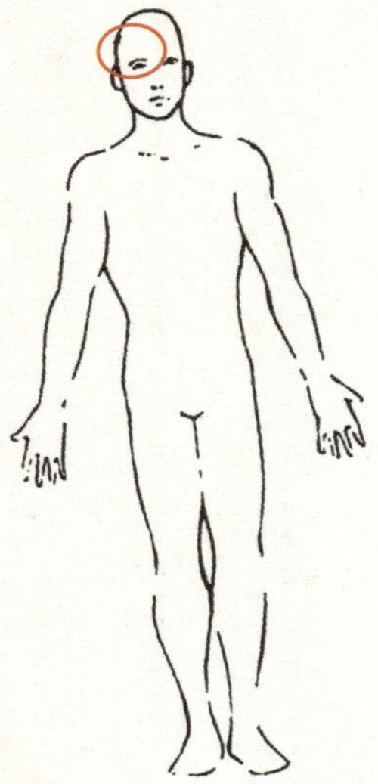

ÉVIDENCE DES BLESSURES
Tête et cou : on observe un enfoncement de 4 centimètres sur l'avant droit du crâne, probablement causé par un unique coup violent porté par un objet contondant. Le crâne est fracturé de façon nette, des fragments osseux adhèrent aux contours de la plaie. Cette blessure a causé une hémorragie cérébrale très importante, et a probablement entraîné une perte de connaissance immédiate de la victime. Le décès a certainement eu lieu dans les minutes suivantes et remonte à environ 70 heures.

Extrémités : les bras et les jambes sont maintenus par des liens en cordelettes, au niveau des poignets et des chevilles. Pas de marque ou d'abrasion en dessous.

EXAMEN INTERNE

Système respiratoire : faible présence d'eau dans les poumons. Le corps a probablement été immergé après le décès.
Système génital : neutre
Appareil gastro-intestinal : présence de morceaux de pâtes alimentaires dans l'estomac, partiellement digérés.
Analyses du laboratoire (recherches sanguines) : analyses normales.

EXPERTISE PSYCHOLOGIQUE DE DIDIER COLLARD DATANT DU 8 FÉVRIER 2011 :

M. Collard est reçu en entretien pour une expertise préliminaire demandée par le tribunal, dans le cadre de sa comparution pour attouchement sur mineur. Le contact est syntone, M. Collard coopère pour l'entretien.
Il relate les faits pour lesquels il est accusé tout en semblant minimiser sa responsabilité. On note un important clivage qui empêche M. Collard d'assumer pleinement la responsabilité de ses actes :
« C'est vrai que je me suis rapproché du petit, on faisait des câlins tous les deux, on s'amusait... Ça égayait mes journées depuis mon licenciement. Parfois, je me sentais plus proche de lui que de ma femme. »
Des éléments dépressifs ponctuent son discours.
Sur la base de notre entretien, M. Collard semble avoir un profil dit « névrotico-pervers ». La pulsion pédophilique est partielle.
Il semble nécessaire qu'une prise en charge thérapeutique soit mise en place (en incarcération ou lors d'un suivi adapté) afin que M. Collard soit amené à assumer pleinement le caractère déviant des actes qu'il a commis.

L'AFFAIRE

Gypsy Rose et Dee Dee Blanchard

L'affaire du meurtre de Dee Dee Blanchard est l'un des faits divers criminels les plus incroyables de ces dernières années.

Le 14 juin 2015, un étrange message est posté sur le compte Facebook de Dee Dee Blanchard. On peut y lire « the bitch is dead ! » (*« cette salope est morte! »*). Il est bientôt suivi d'un autre message encore plus inquiétant : *« j'ai tué cette grosse truie et violé sa douce et innocente fille. Ses cris étaient siiii bruyants, LOL »*

Immédiatement, les proches de Dee Dee sont alertés, car ils ne reconnaissent pas la façon de s'exprimer de leur amie et craignent que sa vie, ainsi que celle de sa fille, soient en danger.

Dee Dee Blanchard était une mère divorcée de 48 ans qui s'occupait d'élever seule sa fille handicapée Gypsy Rose. Les deux femmes étaient très appréciées de leur entourage et sur les réseaux sociaux, où Gypsy Rose et sa mère documentaient beaucoup leur vie quotidienne et notamment la maladie de Gypsy.

Lorsque la police de Springfield (Missouri, États-Unis) perquisitionne le domicile des Blanchard, elle découvre le corps sans vie de Dee Dee, assassinée à coups de couteau dans son lit. Gypsy Rose, quant à elle, a disparu. Ses fauteuils roulants ainsi que ses nombreux médicaments, essentiels à sa survie, sont toujours dans la maison. Tout porte à croire que la jeune fille a été enlevée.

Interrogée par la police, une voisine et amie des Blanchard mentionne l'existence d'un certain Nick Godejohn, le petit ami de Gypsy Rose, qu'elle aurait rencontré en ligne. En parallèle, les informaticiens de la police retracent l'adresse IP depuis laquelle le fameux message a été posté sur le compte de Dee Dee Blanchard : ils remontent jusqu'à un dénommé Nicholas Godejohn, résidant dans le Wisconsin.

Immédiatement, une équipe est envoyée au domicile du jeune homme, où il sera interpellé et où l'on retrouvera Gypsy Rose Blanchard, heureusement saine et sauve.

Mais les surprises ne s'arrêtent pas là. À leur arrivée, les enquêteurs sont stupéfaits de constater que Gypsy Rose se déplace debout, sans fauteuil roulant.

De plus, elle n'a visiblement pas besoin d'aide médicamenteuse pour vivre ni s'alimenter. En interrogatoire, Gypsy Rose finit par craquer. Elle explique que, depuis toute petite, sa mère l'a forcée à faire croire qu'elle était atteinte d'une leucémie et de beaucoup d'autres troubles, alors qu'elle était en réalité... en parfaite santé. Elle déclare également que c'est son petit ami Nick qui a assassiné sa mère, pour l'aider à fuir son emprise. Toutefois, les conversations échangées entre les deux amoureux laissent entrevoir une tout autre vérité : Gypsy Rose et Nick complotaient ensemble le meurtre de Dee Dee depuis des mois.

En juillet 2015, Gypsy Rose Blanchard plaide coupable de meurtre au second degré (c'est-à-dire, sans préméditation). Prenant en compte les années de maltraitance qu'elle a subies, le jury la condamne à dix ans d'emprisonnement.

Nicholas Godejohn, pour sa part, sera reconnu coupable de meurtre au premier degré et condamné à la prison à perpétuité, malgré les analyses psychiatriques mettant en avant chez lui un trouble du spectre autistique ainsi qu'un quotient intellectuel faible.

On suppose désormais que Dee Dee Blanchard était atteinte d'un syndrome psychologique appelé le syndrome de Münchhausen par procuration, un trouble qui pousse certains patients à s'inventer des pathologies, ou à en inventer à leurs proches afin de s'attirer la sympathie d'autrui et des bénéfices secondaires (financiers par exemple).

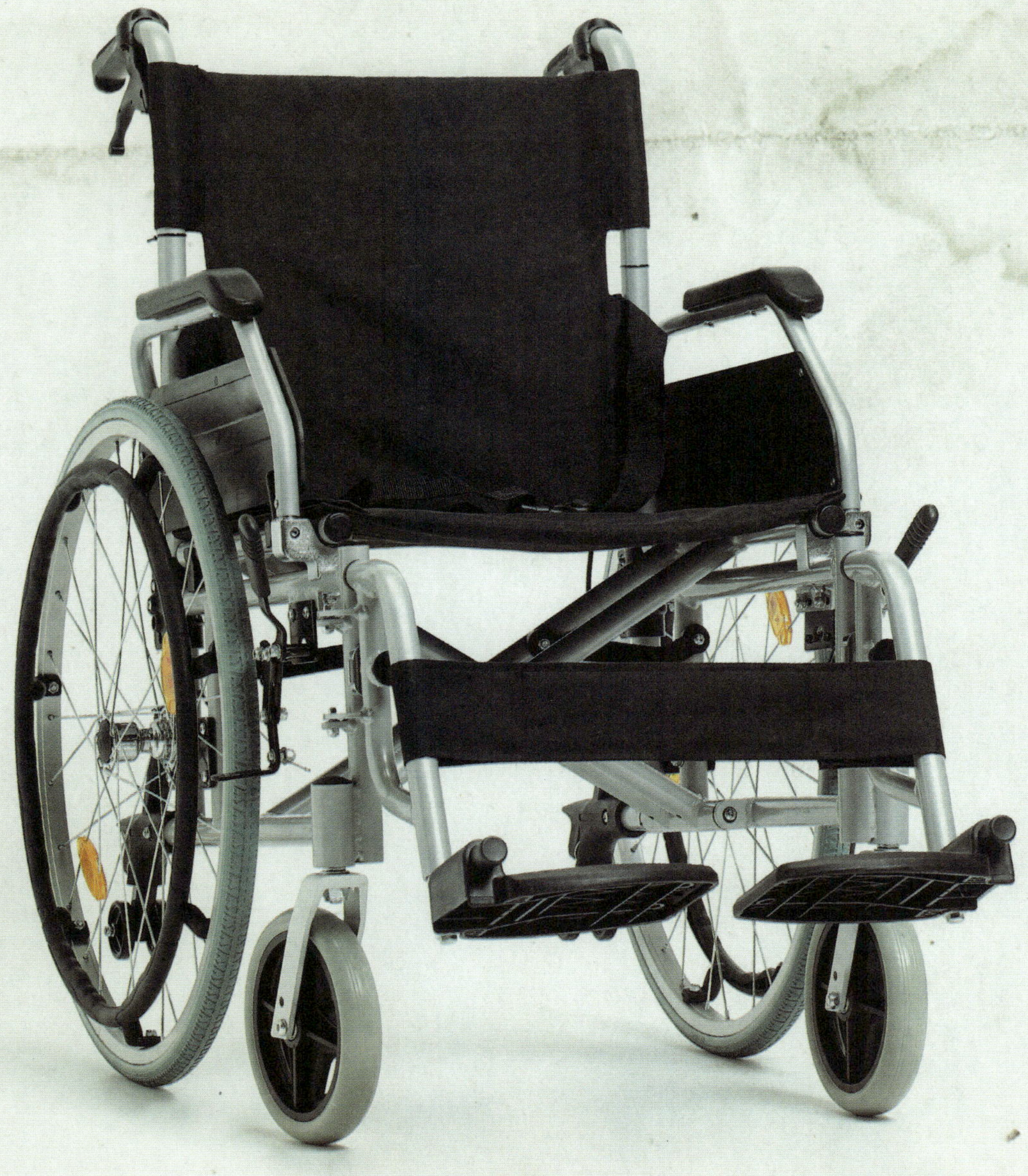

2

LE MASSACRE DES CAMPEURS DES BAUGES

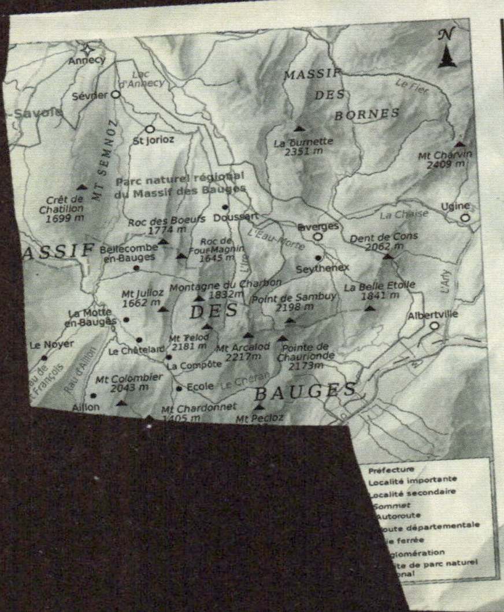

Au petit matin du 3 mai 2019, un couple de randonneurs qui s'étaient rendus dans le parc naturel du massif des Bauges pour assister au lever du soleil a fait une macabre découverte : cinq campeurs, qui avaient planté leurs tentes à quelques mètres d'un sentier de randonnée, ont été agressés et sauvagement assassinés.
Quatre victimes sont décédées sur place, tandis que le cinquième campeur a été transporté d'urgence par hélicoptère au CHU d'Annecy où il a été placé dans un coma artificiel. Il souffre de nombreuses blessures, son pronostic vital est engagé.

8h24. La capitaine Aminata Diara sortit de sa voiture, un gobelet de café en carton dans la main. À cause de l'altitude, il faisait encore frais en cette matinée du début du mois de mai, malgré les rayons de soleil qui perçaient.

Yassin Bouzad, le technicien de scène de crime chargé de superviser les lieux, lui fit un grand signe de la main.
– Aminata, on vous attendait ! Venez, je vais vous faire faire le tour... C'est l'hécatombe ici. L'information commence déjà à circuler sur les réseaux sociaux, il faut faire vite avant l'arrivée des journalistes.

Aminata Diara hocha la tête et emboîta le pas de Bouzad sans un mot, écrasant le gobelet en carton de son café avant de l'enfoncer dans la poche de son anorak. Tous deux s'écartèrent du chemin de randonnée caillouteux pour descendre légèrement en contrebas, en essayant de ne pas glisser dans l'herbe mouillée par la rosée.
– C'est ici qu'on a trouvé le survivant, fit Yassin en pointant du doigt un emplacement délimité par plusieurs petits cavaliers en plastique jaune. Il était inconscient et couvert de sang... Selon les secouristes, une heure de plus et il y passait lui aussi. Un dénommé Jérôme Frachon, 21 ans.

Le technicien en chef poursuivit son récit, en s'avançant de plusieurs pas supplémentaires :
– À environ trois mètres de lui se trouve le corps d'une autre victime : Marc Leprince. Il a été mortellement blessé à l'arme blanche, et présente des blessures au thorax et aux avant-bras.

Diara s'approcha du cadavre, qui gisait sur le flanc, recroquevillé en chien de fusil dans l'herbe humide. Son manteau et son jean étaient imbibés de sang.

Ne lui laissant pas beaucoup plus le temps d'inspecter le corps, Yassin embraya :
– L'arme du crime, un couteau Ka-Bar, a été retrouvée juste là, sous ce buisson. L'assassin a peut-être tenté de le cacher...
– C'est étrange, commença Aminata, balayant le sol du regard, on dirait que...

– Oui, la coupa le technicien de scène de crime qui avait compris le raisonnement de la capitaine. Jérôme Frachon semble s'être déplacé en rampant, d'ici et sur environ trois mètres, jusqu'à l'endroit où on l'a trouvé. On pense, vu les trajectoires, qu'ils essayaient tous les deux de rejoindre le sentier de randonnée. Mais ils ont été agressés avant d'y parvenir. Suivez-moi, on va s'approcher du campement.

Diara et Bouzad continuèrent à s'éloigner du chemin et descendirent en direction des premiers arbres, une dizaine de mètres en contrebas. Depuis le sentier, on ne pouvait pas voir les quatre tentes des campeurs, à moins de s'approcher du bord et de se pencher. En revanche, de nuit, s'ils avaient allumé un feu, les cinq jeunes n'étaient probablement pas si discrets. Yassin Bouzad présenta rapidement Diara à ses collègues en blouses blanches, qui s'affairaient à prendre des photographies, prélever des indices et établir des mesures.

La capitaine s'approcha des restes du feu de bois dressé par les campeurs. Deux corps gisaient près des braises.
– Anna Jasinski, 20 ans, commença Yassin. Elle a été poignardée à la poitrine et à la gorge, ainsi qu'à de nombreuses reprises au visage. C'est elle qui a reçu le plus de coups de couteau.

La jeune femme était défigurée. Le sang coagulé avait teinté de grenat ses longs cheveux blonds et sa doudoune. Aminata Diara ne put s'empêcher d'avoir une pensée pour sa propre fille Alice, qu'elle chassa aussitôt.

À ses côtés, le corps de Lucas Rellier avait basculé la tête en avant. Les dernières flammes du feu de camp lui avaient léché le crâne et l'épaule gauche, calcinant en partie son manteau et sa peau.
– Il a reçu un coup de couteau à la gorge qui l'a presque égorgé. Ces deux-là étaient probablement ici lorsqu'ils ont été attaqués par surprise. Ils n'ont pas eu le temps de réagir... commenta Bouzad.

Aminata acquiesça. Le tueur avait agi vite, sans hésiter. Une détermination qui faisait froid dans le dos. Le corps de la dernière victime se trouvait non loin, devant une tente. Bouzad y entraîna Diara :
– Il s'agit de Marie Delmonti. Elle a reçu plusieurs coups de couteau à l'estomac et à la poitrine. Regardez capitaine, elle ne porte pas ses vêtements chauds. Je pense qu'elle a entendu les cris de ses amis et qu'elle est sortie dans la précipitation de sa tente. Ça pourrait être à ce moment-là que l'assassin lui est tombé dessus.

Aminata et Yassin se placèrent un peu à l'écart des arbres, pour profiter de la chaleur des rayons du soleil et balayer toute la scène de crime du regard.

Aminata Diara écoutait attentivement les informations que lui transmettait son collègue.

Bouzad était d'humeur bavarde ce jour-là. C'est vrai que de telles affaires, on n'en voyait pas tous les jours...
– D'après les premiers éléments qu'on a retrouvés dans les tentes, il semblerait que Marc et Anna dormaient ensemble dans la plus grande. Ils étaient peut-être en couple ? Les autres dormaient tous dans des tentes individuelles.

La capitaine compléta :
– Selon leurs proches, ils sont tous camarades de fac et se connaissent depuis environ deux ans. Ils seraient arrivés ensemble hier matin et auraient prévu de passer trois jours dans le parc. Ils voulaient sûrement profiter d'une bouffée d'air frais avant d'attaquer les partiels de fin d'année...

La sonnerie du portable d'Aminata retentit. Elle sortit son smartphone de sa poche ; le nom du brigadier Mathias Tessier s'affichait sur l'écran. Diara décrocha immédiatement et lui résuma la situation.

De son côté, Mathias avait du nouveau lui aussi :
– On a un suspect, et écoute ça, c'est du sérieux ! Ce matin, nous avons directement contacté la Fédération des parcs nationaux, ainsi que l'équipe qui supervise l'entretien et la sécurité dans la réserve. Plusieurs personnes ont mentionné un garde-chasse qui vit dans une petite maison près de Cléry, à cinq kilomètres de la scène de crime. Il s'appelle Claude Bergeron. C'est lui qui s'occupe de cette zone, et visiblement, le bonhomme n'est pas commode. Il est réputé pour son mauvais caractère et pour être très à cheval sur le règlement. Ce ne serait pas la première fois qu'il a une altercation avec des touristes imprudents : il a déjà fait l'objet de trois plaintes pour menaces et agressions.

– Par ailleurs, continua Mathias, on vient de recevoir à l'instant les premières nouvelles de Jérôme Frachon, toujours hospitalisé au CHU d'Annecy. Elles ne sont pas bonnes : il est actuellement au bloc opératoire, les médecins font tout pour le sauver, mais ils ne savent pas s'il pourra tenir le coup. Il a perdu beaucoup de sang. Pour le moment, c'est notre unique témoin, mais il ne faut pas s'attendre à pouvoir l'interroger de sitôt.

Le brigadier marqua une pause puis reprit, le ton hésitant :
– Diara, je voulais te dire... Non, laisse tomber.
– Quoi Tessier ? Ce n'est pas le moment de faire des mystères, si tu penses à quelque chose, dis-le-moi !
– OK, OK... Eh bien voilà, je vais te transmettre par mail les premières observations faites aux urgences d'Annecy. J'ai l'impression qu'il y a quelque chose qui cloche.
– Mathias, tu es un excellent enquêteur. Tu parviens toujours à apporter un nouveau point de vue sur les affaires. De mon côté, j'ai remarqué plusieurs choses, laisse-moi le temps de revenir pour qu'on en discute ensemble. Je crois que je commence à comprendre ce qui s'est passé ici.

VOUS AUSSI, AVEZ-VOUS DEVINÉ CE QUI S'EST PASSÉ DANS LE CAMPEMENT ?

SOLUTION
PAGE 77

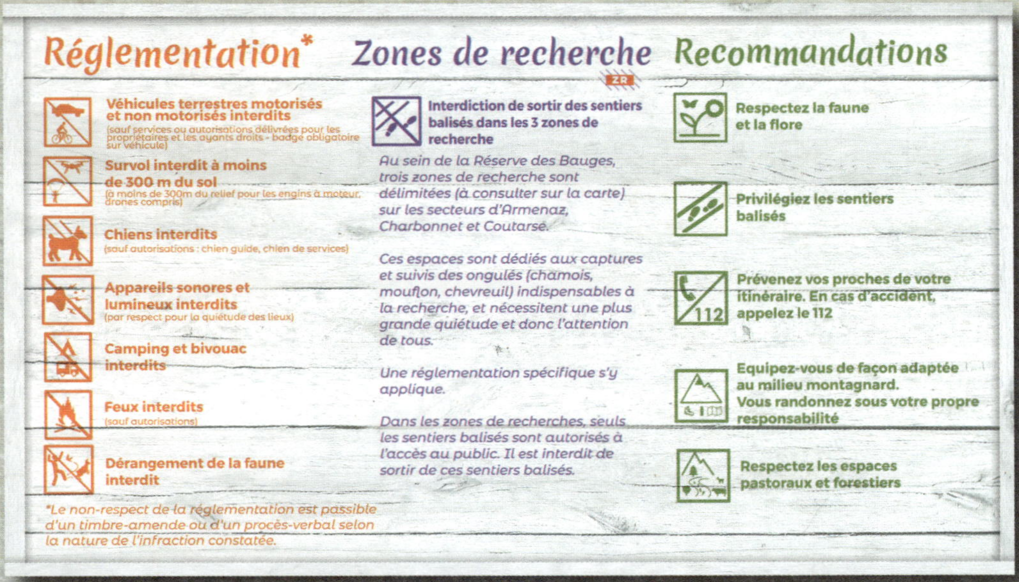

L'ENTRÉE DE LA RÉSERVE NATIONALE DE CHASSE ET DE FAUNE SAUVAGE DU PARC

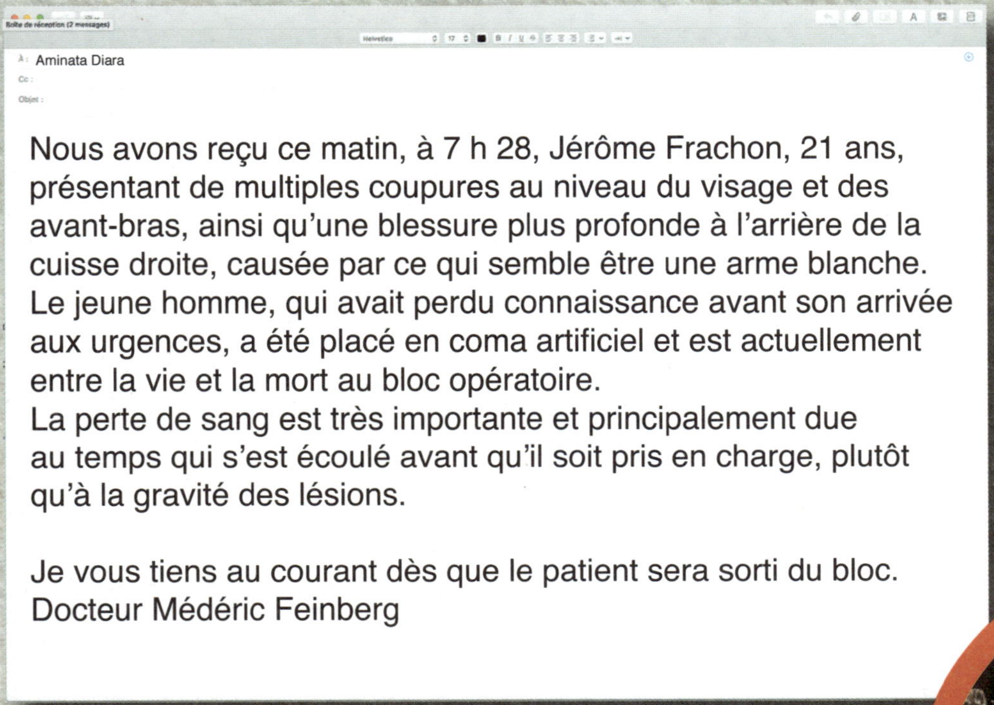
Boîte de réception (2 messages)

À : Aminata Diara
Cc :
Objet :

Nous avons reçu ce matin, à 7 h 28, Jérôme Frachon, 21 ans, présentant de multiples coupures au niveau du visage et des avant-bras, ainsi qu'une blessure plus profonde à l'arrière de la cuisse droite, causée par ce qui semble être une arme blanche. Le jeune homme, qui avait perdu connaissance avant son arrivée aux urgences, a été placé en coma artificiel et est actuellement entre la vie et la mort au bloc opératoire.
La perte de sang est très importante et principalement due au temps qui s'est écoulé avant qu'il soit pris en charge, plutôt qu'à la gravité des lésions.

Je vous tiens au courant dès que le patient sera sorti du bloc.
Docteur Médéric Feinberg

MAIL TRANSMIS PAR MATHIAS TESSIER À AMINATA DIARA

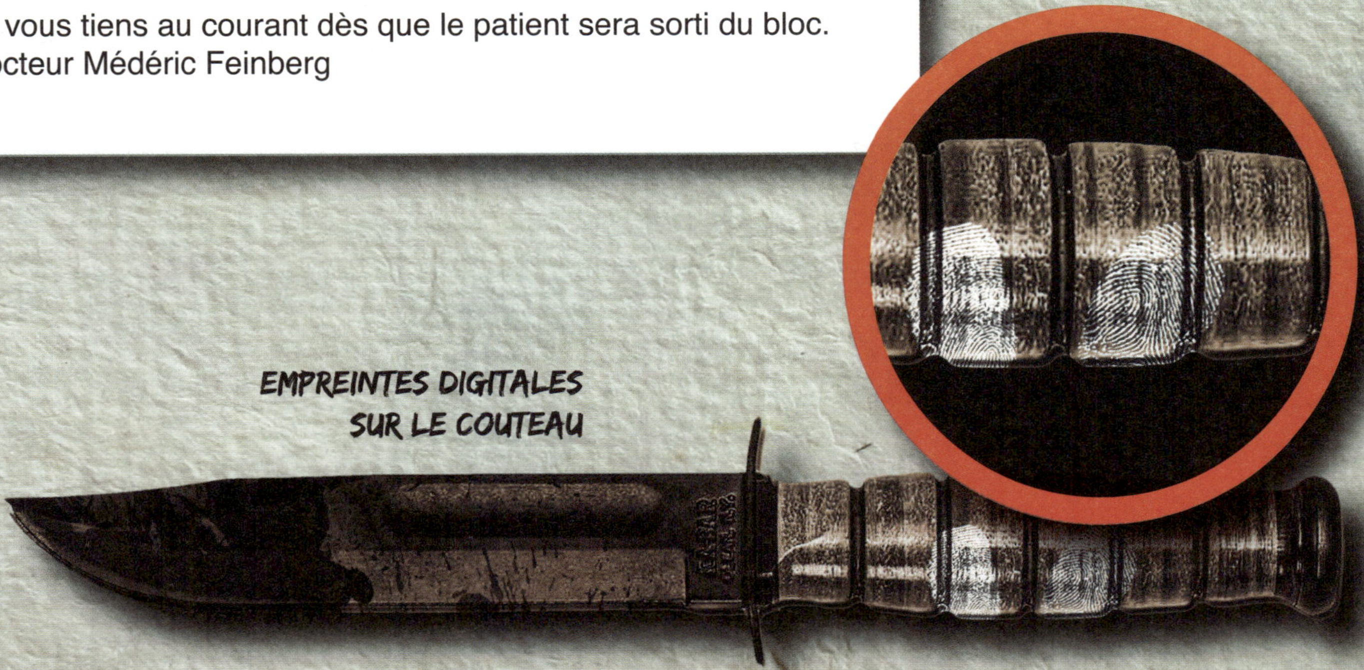

EMPREINTES DIGITALES SUR LE COUTEAU

ANNEXES

L'AFFAIRE

GRÉGORY VILLEMIN

L'assassinat du « petit Grégory » est probablement l'une des affaires criminelles françaises les plus connues et les plus marquantes.

En fin d'après-midi le 16 octobre 1984, Grégory Villemin, 4 ans, est enlevé alors qu'il joue devant chez lui dans le petit village de Lépanges-sur-Vologne. Sa mère, Christine Villemin, le cherche partout, en vain.

Un mystérieux corbeau se manifeste alors par un appel téléphonique, passé à l'oncle de Grégory, Michel Villemin, aux alentours de 17 h 30, soit très peu de temps après l'enlèvement du petit garçon, appel dans lequel il revendique le crime.

Quelques heures plus tard, on retrouvera malheureusement le corps du petit garçon sans vie dans la rivière de la Vologne, pieds et mains liés.

Le lendemain matin, les parents du petit Grégory reçoivent une lettre du corbeau : « J'espère que tu mourras de chagrin le chef. Ce n'est pas ton argent qui pourra te redonner ton fils. Voilà ma vengeance, pauvre con. » Le cachet de la Poste indique que cette lettre a été postée la veille, à 17 h 15.

La presse s'empare de l'affaire et la France se passionne pour l'affaire du petit Grégory. On découvre une famille étendue, complexe, mystérieuse.

Qui a tué le petit Grégory Villemin ?
Le mobile du crime semble être une vengeance familiale. Une jalousie de la réussite de Jean-Marie ? En effet, le corbeau tourmentait toute la famille depuis quelque temps déjà et avait proféré des menaces à plusieurs reprises, par lettres et appels téléphoniques.

L'enquête et l'instruction connaîtront de nombreux rebondissements, faisant de ce fait divers un véritable feuilleton dont se délecteront les journalistes et leurs lecteurs.

Les soupçons se porteront d'abord sur Bernard Laroche, le cousin de Jean-Marie Villemin, suite au témoignage controversé de sa jeune belle-sœur Murielle Bolle.

Ils se tourneront ensuite vers Christine Villemin, la mère de Grégory, après que des expertises graphologiques l'accusent d'être l'autrice de la lettre du corbeau.

Quelques jours après que ces expertises sont rendues publiques, le 4 février 1985, Jean-Marie Villemin tue son cousin germain Bernard Laroche au fusil de chasse, persuadé qu'il est l'assassin de Grégory. En décembre 1993, après 6 semaines d'audience, Jean-Marie Villemin est condamné à 5 ans de prison, dont un avec sursis. Cette peine étant couverte par la détention préventive, le père de Grégory sera libéré deux semaines plus tard.

Fait unique, le 3 février 1993, la Cour d'appel de Dijon rend une ordonnance de non-lieu pour absence totale de charges à l'encontre de Christine Villemin, ce qui constitue une « véritable réhabilitation » selon son avocat Thierry Moser.

À l'heure actuelle, l'affaire n'est toujours pas résolue. L'enquête a été rouverte à plusieurs reprises et de nouveaux rebondissements ont encore éclaté ces dernières années.
Le juge Lambert, en charge du dossier dans les années 1980 et régulièrement désigné comme le responsable de cet échec judiciaire, s'est suicidé en 2017.

Cette affaire trouvera-t-elle un jour sa conclusion ? Plusieurs décennies après son meurtre, la lumière peut-elle encore être faite ou Grégory Villemin restera-t-il la victime du brouhaha des spéculations et du silence de ceux qui savent ?

L'AFFAIRE

Jonbenét RAMSEY

Le matin du 26 décembre 1996, Patricia Ramsey constate la disparition de sa fille de 6 ans, JonBenét, après avoir trouvé une demande de rançon sur un papier laissé au pied de son escalier.

Paniquée, elle appelle immédiatement les secours et, étrangement, raccroche au nez de l'opératrice avant l'arrivée de la police, ce qui est inhabituel dans ce type de situation. Arrivés sur place quelques minutes plus tard, les enquêteurs ne constatent aucun signe d'effraction. Pensant avoir affaire à un cas d'enlèvement, ils ne prennent pas la précaution de geler la scène de crime, ce qui entraînera par la suite un grand nombre de contaminations et de destructions de preuves.

Plusieurs heures plus tard, le père de JonBenét, John, découvrira le corps sans vie de la fillette au sous-sol de la maison, caché sous un drap.

L'autopsie se révèle peu claire sur la nature du décès de JonBenét, les experts se contredisant. Pour certains, elle a succombé à un traumatisme crânien violent, son crâne présentant une importante fracture. Pour d'autres, elle a été asphyxiée à l'aide d'une cordelette serrée au niveau du cou.

L'affaire a été extrêmement médiatisée aux États-Unis : le drame a eu lieu le lendemain de Noël, il implique une riche famille et concerne une petite fille très populaire, une mini-miss que sa mère faisait participer à des concours de beauté.

John et Patsy Ramsey, les parents, ont tout d'abord été les principaux suspects de la police de Boulder. Il faut dire que beaucoup d'éléments étranges intriguent dans cette affaire : l'appel au 911, la très longue lettre de rançon, incohérente et rédigée sur du papier appartenant aux Ramsey, la découverte du corps de JonBenét par son père au sous-sol, les potentiels mensonges de leur part quant au déroulement de la soirée la veille du drame... Tout semblait les désigner comme coupables.

Pourtant, faute de preuves, les parents de JonBenét n'ont jamais été inculpés. De plus, un ADN masculin non identifié a été retrouvé sur les vêtements de la petite fille...

La piste de l'intrus a également été étudiée, et plusieurs suspects potentiels ont été envisagés. Mais encore une fois, par manque d'éléments matériels, aucun n'a pu être arrêté.

En 2006, un enseignant américain, arrêté en Thaïlande pour détention de contenu pédopornographique, passe aux aveux et reconnaît être le meurtrier de JonBenét Ramsey. Les enquêteurs réaliseront néanmoins qu'il s'agissait de faux aveux et qu'il avait affabulé.

Aujourd'hui encore, l'affaire du meurtre de JonBenét Ramsey reste un mystère complet. De nombreuses théories circulent sur Internet, accusant soit les parents de la petite fille, soit son frère Burke, soit un étranger jaloux de la richesse de la famille. Pour certains, il s'agit d'un accident qui aurait été maladroitement masqué en enlèvement et en meurtre.

La vérité se cache probablement quelque part, noyée parmi toutes ces spéculations... Éclatera-t-elle un jour, grâce à un nouveau témoignage ou à une nouvelle technique d'investigation, pour qu'enfin justice soit faite pour JonBenét Ramsey ?

3

Août 1964
Près de Cannes

La mort d'Édouard Branchet

MORT TRAGIQUE AU MANOIR

C'est en pleine nuit que la police de Cannes a été avertie. Un jeune homme, dont l'identité n'a pas encore été révélée au public, a été retrouvé mort dans la demeure des Nugatti, où vivent le célèbre producteur de cinéma Carlos Nugatti et sa mère de 79 ans. L'enquête devra lever le voile sur de nombreuses zones d'ombre : que faisait ce jeune homme au manoir cette nuit-là ? Quels étaient ses liens avec le producteur ? Comment est-il décédé ?

Carlos Nugatti était un homme d'une soixantaine d'années, en bonne condition physique, les cheveux argentés impeccablement coiffés en arrière et le regard perçant. Il n'était pas particulièrement beau, mais ses costumes hors de prix et son air d'ordinaire confiant lui apportaient un charme indéniable. Mais ce jour-là, après plus d'une dizaine d'heures passées en interrogatoire au commissariat de Cannes, il avait quelque peu perdu de sa superbe. Visiblement désorienté, il lança un regard suppliant en direction du miroir sans tain, derrière lequel l'observaient le commissaire Philippe Morin et ses collègues.

– Qu'en penses-tu, Jacob ? demanda Morin, en se grattant le menton avec le pouce.
– Il n'est pas honnête dans ses déclarations boss, vous le savez aussi bien que moi. Pourtant... j'ai l'impression qu'il est sincèrement désolé pour le gamin. Peut-être essaie-t-il de couvrir un accident ?

Le commissaire hocha la tête en grommelant. Son instinct allait dans le même sens que l'hypothèse de son collègue. Ils sortirent ensemble de la pièce pour se diriger vers la salle de réunion, tout en continuant de commenter l'affaire.

L'inspecteur Antoine Garcis venait d'arriver au commissariat de Cannes. Appelé en renfort pour ses qualités d'enquêteur, il avait pris le train de 7 h 28 de Paris ce matin-là pour assister à cette réunion, afin que les policiers cannois puissent lui présenter tous les détails de l'affaire.

– Bonjour monsieur Garcis. Philippe Morin, se présenta le commissaire en serrant la main de l'homme. Vous avez fait bon voyage ? Je vois qu'on vous a déjà apporté un verre d'eau, n'hésitez pas si vous souhaitez autre chose.

L'autre refusa d'un geste de la main.

– Eh bien, ne perdons pas plus de temps dans ce cas ! reprit le commissaire, nous sortons justement d'audition avec monsieur Nugatti.
– J'ai lu attentivement toutes les pages du dossier que vous m'avez faxé, évidemment, mais je pense que nous pourrions reprendre toute l'affaire ensemble, pour être bien à la page.
– Naturellement, consentit Morin, qui n'avait aucune envie de perdre un quart d'heure là-dessus mais n'en

laissa rien paraître. Samuel, tu veux bien t'en charger ? demanda-t-il en se tournant vers le jeune inspecteur Samuel Jacob qui s'était installé à sa droite.
– Heu… oui, bien sûr, s'exclama-t-il, flatté d'être chargé d'une telle mission. Alors voici les premiers éléments. Il y a trois jours, dans la nuit du 11 au 12, nos collègues ont été appelés en urgence par monsieur Jacques Bourdon, majordome au manoir Nugatti. Il avait vu son patron, Carlos Nugatti, rentrer aux alentours de 2 h du matin, accompagné d'un jeune homme qu'il ne connaissait pas. Ils étaient montés tous les deux dans le petit salon attenant à la chambre de monsieur Nugatti au premier étage, où ils avaient mis de la musique à un niveau assez élevé. Peu après 4 h du matin, Bourdon a entendu un coup de feu provenant du petit salon. Il s'est tout de suite précipité dans la pièce, où il a trouvé le corps du jeune homme allongé sur la moquette, entouré d'une mare de sang.

– Où se trouvait monsieur Nugatti à ce moment-là ? interrompit l'inspecteur.
– Selon le majordome, son patron se trouvait également dans la pièce, mais sa version des faits a changé à plusieurs reprises : d'abord il a dit l'avoir vu au-dessus du corps, tentant de prendre le pouls de la victime, puis il a affirmé qu'il se trouvait assis sur un fauteuil, la tête dans les mains, et que ce n'est qu'après qu'il s'est penché sur la victime pour prendre son pouls… Quoi qu'il en soit, Jacques Bourdon est ensuite ressorti du salon pour appeler les secours, sur ordre de monsieur Nugatti. Dans le couloir, il a croisé madame Nugatti, dont les appartements se situent au-dessus de ceux de son fils, qui descendait alertée par le bruit. C'est alors que le majordome nous a contactés pour nous signaler « un incident au manoir ».
– Hum… je vois… Comment s'est passé l'examen de la scène de crime… si toutefois il s'agit bien d'un crime ?
– Arrivés sur place, nos collègues ont sécurisé la zone, puis gelé la scène de crime selon la procédure habituelle. Comme vous l'avez probablement lu dans le dossier, la victime, Édouard Branchet, a reçu une balle dans la tête, tirée à bout touchant. Son corps a été découvert par nos collègues étendu sur le sol du salon. Un pistolet a été retrouvé au sol, sur le côté droit de la victime, qui ne présentait pas d'autre trace de violence. Aucune empreinte digitale n'a été relevée sur l'arme.
– Et Nugatti ?
– Carlos Nugatti a affirmé aux enquêteurs sur place que la soirée se déroulait normalement, jusqu'à ce qu'il s'absente quelques minutes pour aller chercher une bouteille de champagne. À son retour, il aurait trouvé Branchet en larmes, un pistolet pointé sur la tempe. Nugatti aurait tenté de le raisonner mais le jeune homme, très ivre, aurait actionné la gâchette de l'arme.
– Avez-vous pu creuser un peu plus le profil de la victime ? demanda Antoine Garcis en s'adressant directement au commissaire.
– En effet, nous en savons désormais plus sur monsieur Branchet, confirma Morin. Il s'agit d'un petit gars du coin, qui a grandi à Vallauris. Il avait fêté ses 21 ans il y a trois semaines à peine. C'était un comédien débutant, qui travaillait le soir en tant que barman au *Jardin Bleu*, un hôtel huppé de la Croisette. C'est probablement là-bas qu'il a rencontré Carlos Nugatti, un habitué des lieux. Plusieurs témoins affirment les avoir vus discuter ensemble au moins à trois reprises ces dernières semaines, et la nuit du drame, Nugatti a quitté l'établissement dix minutes à peine avant la fin du service d'Édouard Branchet. Il l'a ensuite attendu dans sa voiture, où Branchet l'a rejoint comme ils en avaient convenu, selon les déclarations du producteur lui-même.

– Dans le but d'avoir des relations sexuelles tarifées ? s'enquit Garcis, avec un ton qui ressemblait plus à celui d'une affirmation qu'à une question.
– Nugatti le nie. Vous n'êtes certainement pas sans connaître le passé et la réputation du producteur, marié et divorcé à trois reprises de sublimes et jeunes actrices. Nugatti a toujours été bien plus discret sur son attirance pour les hommes… Il a eu recours à des gigolos par le passé, mais cette époque est désormais révolue. Selon lui, le petit flirt avec Branchet était spontané.
– Bon, admettons. Carlos Nugatti ramène un bel éphèbe chez lui, avec l'espoir naïf de passer une nuit en sa compagnie. Peut-être s'est-il rendu compte que Branchet était en réalité plus intéressé par son argent ou son influence que par sa personne ? Il aurait alors été pris d'un coup de sang, aurait menacé le barman d'un pistolet et l'aurait descendu sous le coup de la colère ?
– C'est également notre hypothèse. À moins qu'il ne s'agisse d'un accident. Mais Nugatti affirme que la victime s'est suicidée, bien qu'il soit incapable d'en expliquer les raisons. Il a l'air profondément secoué par les évènements. Je pense qu'il est sur le point de craquer et de tout avouer.

Les trois enquêteurs marquèrent une pause, chacun réfléchissant de son côté. Pour rompre le silence, Antoine Garcis reprit :

– Et la mère du producteur, madame Nugatti ? Elle était présente elle aussi au moment des faits. N'a-t-elle pas entendu quelque chose ? Rien dans sa déposition qui puisse nous aider à comprendre ce qui s'est passé cette nuit-là ?
– Pas vraiment. Si elle sait quelque chose, elle couvre son fils… Selon ses déclarations, elle s'est couchée aux alentours de 22 h 15 ce soir-là. Elle dormait dans sa chambre, au deuxième étage, lorsqu'elle a été réveillée par le bruit du coup de feu. Effrayée mais craignant pour la vie de son fils, elle a enfilé sa robe de chambre en vitesse avant de descendre pour voir ce qui se passait. C'est là qu'elle a croisé Jacques Bourdon qui sortait du petit salon pour appeler les secours, expliqua Samuel Jacob en lisant la retranscription de l'interrogatoire de madame Nugatti.

Il continua en citant directement le document : elle aurait ensuite « découvert son fils prostré sur le fauteuil, choqué. Il lui a affirmé n'être pour rien dans la mort de cet individu. »
Antoine Garcis fronça les sourcils. Les idées fusaient à toute allure dans son esprit, tissant des scénarios les uns à la suite des autres, puis les déconstruisant pour assembler les éléments dans un autre ordre à la manière d'un puzzle complexe.

– Que connaît-on de l'état psychologique de la victime ? Branchet faisait-il une dépression, avait-il des antécédents de tentatives de suicide ou de conduites dangereuses ? Avez-vous interrogé ses proches ?
– Évidemment, assura l'inspecteur Jacob. Ils nous ont tous affirmé qu'Édouard était un jeune homme heureux, sociable, plein de vie et de projets. Il n'était pas du genre à se laisser décourager. De nature plutôt extravertie, il n'a jamais caché son homosexualité à son entourage, au contraire il la revendiquait pleinement. Depuis quelques semaines cela dit, certains de ses amis avaient remarqué qu'il sortait moins faire la fête avec eux. Il semblait occupé ailleurs. Mais ils insistent tous sur le fait qu'il était heureux. D'ailleurs, ils réfutent en bloc l'hypothèse du suicide. Pour eux, cela ne lui ressemble absolument pas.
– Un jeune homme aussi fougueux que ses amis le décrivent aurait très bien pu flirter avec le riche producteur Nugatti, et saisir l'opportunité d'avoir une relation sexuelle avec lui afin de le faire chanter, pour obtenir de l'argent ou se faire pistonner pour un rôle. Nugatti aurait alors paniqué, l'aurait menacé avec une arme pour lui faire peur et ensuite le coup serait parti, volontairement ou par accident… Il est temps de retourner en salle d'interrogatoire pour obtenir des réponses, déclara Philippe Morin.

Dans la tête de Garcis, les rouages continuaient de tourner à une vitesse folle, créant une multitude d'hypothèses tout en passant en revue tous les éléments du dossier. Soudain, quelque chose fit tilt d'une façon singulière. Une version de l'histoire pour laquelle tout semblait s'aligner parfaitement.
– Puis-je vous accompagner en salle d'interrogatoire ? Je voudrais poser une question à monsieur Nugatti, annonça-t-il.

SUICIDE, ACCIDENT, MEURTRE ? QUE S'EST-IL PASSÉ SELON VOUS ?

SOLUTION PAGE 79

ANNEXES

RAPPORT D'AUTOPSIE

12 août 1964

Résumé des constatations :

La victime est un homme jeune âgé de 21 ans. Le corps est d'une corpulence svelte, musclé ; il mesure 1,75 m pour 71 kg. Cuir chevelu couvert de cheveux bruns courts. Les iris sont verts.

ÉVIDENCE DE BLESSURES

Tête et cou : on observe une plaie au niveau de l'avant du crâne, du côté droit, et des brûlures indiquant le bout touchant de l'arme à feu.

Extrémités : aucune lésion. Une inscription au stylo à bille bleu indique, au niveau du poignet droit « audition, 15 h 30 ».

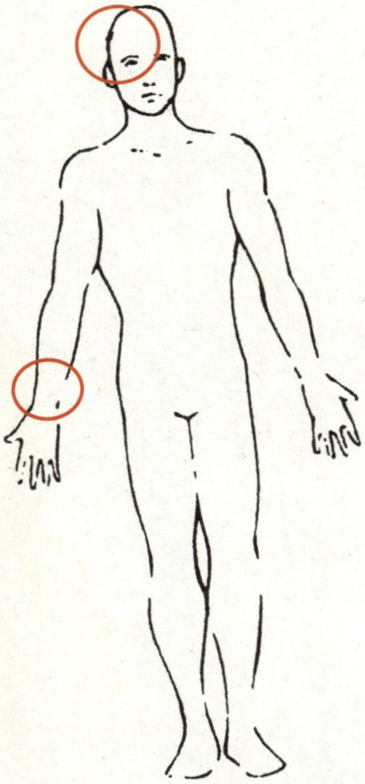

EXAMEN INTERNE

Système respiratoire : neutre
Système génital : neutre
Appareil gastro-intestinal : vide
Analyses du laboratoire (recherches sanguines) :
taux d'alcool 1,7g/L de sang

ANNEXES

SALON

L'AFFAIRE

WARRIENA WRIGHT

Le 7 août 2014, Warriena Wright rencontre pour la première fois Gable Tostee, un jeune homme avec qui elle discute depuis environ une semaine sur une application de rencontre.

Après avoir bu quelques verres à l'extérieur, Gable Tostee invite la jeune femme à continuer la soirée dans son appartement, situé au 14e étage d'un immeuble proche de Surfers Paradise (Australie).

Là-bas, ils boivent, ont des relations sexuelles et prennent des selfies sur le balcon.

Environ trois heures plus tard, Warriena fait une chute mortelle du 14e étage.

Sans contacter les secours, Gable Tostee passe immédiatement un appel à son avocat, qui ne répond pas. Il quitte alors l'appartement, se débarrasse d'un objet métallique et part manger une pizza. Il appelle également son père pour qu'il passe le récupérer.

C'est seulement le lendemain matin du drame que Gable Tostee sera arrêté chez ses parents par la police.

Il va alors présenter aux enquêteurs un enregistrement audio de la soirée qu'il a passée avec Warriena, afin de prouver son innocence.

Sur l'enregistrement, qui dure plusieurs heures, on entend les deux jeunes gens discuter tout en écoutant de la musique. À plusieurs reprises, leur discussion devient houleuse et Warriena Wright semble agressive. Leurs propos sont parfois difficiles à comprendre et semblent incohérents.

Un peu après 2 h du matin, on entend Gable Tostee s'énerver après Warriena Wright qui lui a visiblement jeté un objet dessus. Il perd totalement son sang-froid : « Tu as essayé de me tuer ? (…) tu as de la chance que je ne t'ai pas jetée du balcon, espèce de salope dégénérée. »

Les secondes qui suivent sont peu claires. On entend des bruits sourds et des respirations courtes. Plus tard, Gable Tostee niera avoir tenté d'étrangler la jeune femme à ce moment-là.

Par la suite, le jeune homme enferme Warriena sur son balcon. Quelques instants plus tard, elle bascule dans le vide.

Gable Tostee a-t-il poussé la victime ou est-elle tombée toute seule, en cherchant à s'échapper ?

Selon la défense, Warriena Wright serait devenue extrêmement violente sous l'effet de l'alcool et Gable n'aurait fait que se défendre en l'enfermant sur le balcon, sans pouvoir prévoir qu'elle tenterait de passer de l'autre côté de la rambarde pour s'enfuir.

Le rapport d'autopsie n'a quant à lui pas fait état de blessures ou de traces de lutte sur le corps de Warriena.

Finalement, après quatre jours de procès à Brisbanne, le jury reconnaît Gable Tostee non coupable dans l'affaire et il repart libre du tribunal.

Depuis, il a changé d'identité sur les réseaux sociaux pour éviter d'être harcelé.

4

L'Assassinat de CLARISSE ROSEWALD

« Strasbourg. Une jeune institutrice de 29 ans, Clarisse Rosenwald, a été assassinée dans sa salle de classe tôt hier matin. C'est la technicienne de surface qui a fait la macabre découverte alors qu'elle passait pour vider les corbeilles à papier ; heureusement, avant l'arrivée des premiers écoliers ! La piste terroriste est pour le moment écartée par les enquêteurs, selon lesquels le coupable aurait été filmé par les caméras de surveillance de l'école primaire. Les détails de cet enregistrement n'ont pas encore été dévoilés au public et on ignore à l'heure actuelle l'identité du suspect. »

Les chaînes d'information en continu étaient en boucle depuis la découverte de la scène de crime. L'officier de police judiciaire Daniel Li n'avait pas dormi depuis bientôt 24h. Affalé sur son bureau, il passait en revue les comptes rendus des différents interrogatoires menés la veille et la nuit dernière, à la recherche de la vérité. Parfois, il faut accepter que la bonne réponse soit la plus évidente. Mais l'affaire était-elle aussi simple qu'elle le paraissait ? La fatigue lui embrouillait les pensées. Les premiers éléments de l'enquête étaient nombreux, l'interpellation du coupable à portée de main.

Li reprit toute l'affaire depuis le début, à voix basse. Il avait la fâcheuse habitude de se parler à lui-même pour clarifier ses idées, et espérait vivement que personne ne le surprendrait en entrant dans son bureau sans frapper :

– Grâce aux enregistrements des caméras de surveillance, on sait que le meurtre a eu lieu entre 7h50 et 8h10 du matin. Clarisse Rosenwald était la première arrivée à l'école ce matin-là, comme à son habitude, pour commencer à préparer sa classe. Un individu, habillé de vêtements noirs amples masquant sa silhouette et le visage caché par une cagoule, est filmé entrant dans l'établissement à 7h49. Il semble tenir à la main un objet métallique, sans qu'on puisse en déterminer la nature précise. Étrangement, le suspect n'est pas filmé lorsqu'il ressort de l'établissement. Il a dû trouver une sortie dont l'accès n'est pas surveillé. À 8h14, la femme de ménage entre dans la classe de madame Rosenwald, et découvre le corps de la victime en sang, près du tableau. Les secours arrivent sur place peu après. Malgré leurs efforts, ils ne peuvent pas sauver la victime, qui est déjà décédée à leur arrivée. Son crâne a reçu plusieurs coups violents qui ont causé le décès. Une empreinte de chaussure, pointure 43, est découverte dans le sang coagulé près du corps.

Posées devant lui, les déclarations des quatre témoins entendus à ce stade de l'enquête préliminaire dépeignaient un tragique (mais bien trop banal) cas de féminicide. Alors qu'il les parcourait du regard pour la dixième fois, certains passages sautaient aux yeux de l'officier Li :

Extraits des déclarations de David Rosenwald, mari de la victime. Clarisse et David se sont rencontrés en terminale au lycée Victor-Hugo. Ils se sont mariés à 22 ans et vivaient ensemble dans un appartement du centre de Strasbourg. David Rosenwald est employé dans une librairie. Selon ses déclarations, il faisait sa séance de sport chez lui, à l'heure où le crime a eu lieu.

13 h 24

J'ai entendu dire que le tueur a été filmé par les caméras de surveillance. Avez-vous pu voir son visage ?

13 h 27

Non, je n'ai aucune idée de ce qui a pu se passer, je suis sincère. C'est complètement irréel, je la revois ce matin, juste avant qu'elle parte. Elle m'a souhaité une bonne journée, comme d'habitude. Et je... n'arrive pas à me dire qu'elle ne rentrera pas ce soir... (il pleure) Ce n'est pas possible, ce n'est pas possible.

13 h 38

On traversait une période difficile dans notre relation, c'est vrai. On se disputait assez souvent parce que nous n'avions pas les mêmes attentes. Moi je suis du genre casanier, j'aime bien passer du temps à la maison, et faire des activités calmes, tandis que Clarisse... Clarisse c'est tout l'inverse, elle est hyperactive, elle aime voir du monde, elle est... Elle était comme ça. On voulait tous les deux fonder une famille, mais je pense qu'elle ne se sentait pas prête à renoncer à son mode de vie tout de suite. Mais l'amour était là. Il est toujours là. Sinon, on ne se serait pas battus tous les deux pour que notre couple fonctionne. Aujourd'hui, les gens se séparent au moindre désaccord. Nous, non. Tant pis s'il faut accepter de dormir sur le canapé parfois, mais il faut faire des efforts. Et dire que tout est fini maintenant... qu'on me l'a prise... (pleurs).

Extraits des déclarations de Damien Wilson, ami proche de David Rosenwald. Il s'est présenté de lui-même au poste et a demandé à être entendu par les enquêteurs. Le matin du meurtre, Damien dormait chez une jeune femme rencontrée la veille en boîte de nuit.

13 h 41

Tout le monde savait très bien que leur couple allait mal. David ne voulait pas voir la vérité en face, parce qu'il était amoureux... Malgré tout ce qu'elle lui a fait, les reproches, les secrets, les tromperies, tout ce qu'il voulait, c'était sauver son mariage.
Alors croire qu'il ait voulu la tuer, c'est complètement stupide. C'était Clarisse la plus agressive dans leur duo. Je ne dis pas ça pour... Bon, je ne veux pas cracher sur elle aujourd'hui, je ne dis pas qu'elle mérite ce qu'il lui est arrivé. Mais d'un autre côté, moi je me demande... Ne l'a-t-elle pas un peu cherché ? À côtoyer des hommes qu'elle rencontrait on ne sait où... Elle a dû finir par tomber sur quelqu'un de dérangé.

13 h 56

Je dis agressive parce qu'elle lui faisait sans arrêt des reproches. Non, elle ne l'a jamais frappé, pas à ce que je sache. Mais j'ai déjà été témoin des piques qu'elle lui lançait. Elle le traitait de papi, elle était castratrice. Vous savez, il y a tellement de femmes comme ça de nos jours. C'est pour ça que je ne préfère pas me mettre en couple. Je n'ai pas envie de tomber sur une fille qui va me prendre la tête avec ses idées féministes.

18 h 09

Écoutez, je le connais depuis qu'il est tout petit. C'est mon meilleur ami, il est même comme un frère pour moi. S'il avait fait une connerie pareille, il m'aurait appelé. Ou alors, je l'aurais senti venir. Je vous dis qu'il est innocent.

Extraits des déclarations de Selim Özkan (en présence de son avocat). Les relevés téléphoniques de Clarisse Ronsenwald montrent qu'elle a échangé de nombreux appels téléphoniques et des sms avec monsieur Özkan durant les quatre mois précédant sa mort. Il s'agit d'un père de famille de 46 ans, P.-D.G. d'une entreprise d'import-export. Monsieur Selim Özkan a déclaré qu'aux alentours de 8 h du matin, heure du crime, il était sous la douche et finissait de se préparer pour partir au travail.

20 h 48

Je ne comprends pas ce que je fais ici. Je n'ai absolument rien à voir avec cette institutrice assassinée. Avez-vous des éléments contre moi ? Car sinon, je souhaite partir. J'ai beaucoup de travail.

21 h 03

(*Soupirs*) Clarisse et moi avions effectivement une liaison depuis quelques mois. Nous nous sommes rencontrés dans un bar, alors que j'étais sorti boire un verre après le travail avec des collègues. On s'est cherché du regard pendant une demi-heure, elle est venue m'aborder, je lui ai offert un verre. On a échangé nos numéros et puis, en début de semaine suivante, on s'est donné rendez-vous dans une chambre d'hôtel. Je ne lui ai jamais caché que j'étais marié, mais ça ne la dérangeait pas. On a continué à se voir, environ deux fois par semaine, pendant plusieurs mois. Je n'étais pas amoureux d'elle, j'ai toujours été clair sur ce point : j'aime ma femme, c'est la mère de mes enfants, je la respecte. Les autres... C'est juste des relations passagères. J'ai toujours eu beaucoup de mal à résister au charme des jeunes femmes confiantes. Tout a toujours été consenti avec Clarisse, je n'ai aucune raison de lui avoir fait du mal. Et puis, ça fait bientôt un mois qu'on ne s'était pas vus. Je m'étais dit qu'elle était passée à autre chose et... j'ai fait de même.

21 h 17

Elle m'a appelé hier soir, c'est vrai. Elle voulait qu'on se rejoigne ce week-end, qu'on parte à la mer, parce qu'elle avait envie de se vider la tête, je suppose. Elle venait de se disputer avec son mari. J'ai refusé, mais je m'en veux maintenant car si j'avais su, j'aurais probablement pu éviter un drame...

*

Extraits des déclarations de Géraldine Özkan, femme de Selim Özkan (en présence de son avocat). Femme au foyer, elle est mère de trois enfants. Le matin du crime, elle s'occupait de préparer le petit déjeuner et d'habiller le petit dernier pour l'école.

21 h 06

C'est absolument tragique, ce qui est arrivé... Je suis encore sous le choc. Mais je ne peux pas vous aider, je n'ai jamais vu cette jeune femme. Pourquoi nous avez-vous convoqués, moi et mon mari ?

21 h 20

Vous savez ce que c'est que de vous battre pour faire tenir votre mariage, vous ? Ça fait des années que je tiens le mien à bout de bras. Je fais des efforts, je prends sur moi, je ferme les yeux sur ses absences inexpliquées, sur les messages qu'il reçoit sur son portable à 3 h du matin et sur l'odeur de parfum que je sens parfois sur ses chemises. Mon mari n'est pas irréprochable, mais ça fait 17 ans que nous sommes ensemble. Nous avons des enfants. Alors non, excusez-moi, commissaire, je ne pose pas toujours de questions sur son emploi du temps ! Bien sûr que j'ai des doutes, à ce niveau-là ce sont même des certitudes, mais je ne peux pas foutre toute ma vie et ma famille en l'air comme ça ! Ce sont des choses que nous devons surmonter.

21 h 42

Mon mari est peut-être infidèle, mais ça ne fait pas de lui un tueur pour autant. Vous n'avez rien contre lui. Puisque je vous dis qu'il était à la maison, cette nuit et ce matin !

*

Suite des extraits de la déclaration de David Rosenwald, mari de la victime :

22 h 35

On s'est disputés hier, c'est vrai, mais c'était pour des conneries. Rien de grave. Elle voulait que je l'accompagne samedi soir à l'anniversaire de sa meilleure amie, et moi... ça me stresse de me retrouver avec beaucoup de monde autour de moi, surtout quand je ne les connais pas bien. Ça l'a contrariée, et moi je... je me suis bêtement énervé. Je lui ai reproché de toujours faire passer mes besoins en dernier. On s'est couchés fâchés. Mais je ne lui aurais pas fait du mal pour autant, j'étais énervé, ça arrive à tout le monde, non ?

04 h 58

J'ai craqué... Je ne voulais pas faire ça... J'étais en colère. Je me suis levé, toujours fâché de la veille. J'en avais marre qu'elle décide de tout dans notre couple. Je voulais qu'on ait une explication. Je n'avais pas prévu de lui faire du mal, mais j'ai... je ne sais pas pourquoi, je voulais qu'elle ait peur de moi. Lui montrer qu'elle avait tort de me croire si faible et donc j'ai... j'ai mis cette cagoule et je suis parti la rejoindre à l'école. Et puis là-bas, tout a dégénéré. J'ai voulu la faire taire. J'ai saisi... j'ai saisi sa gorge pour l'étrangler puis je l'ai frappée au visage, jusqu'à ce qu'elle ne se débatte plus. Je n'étais plus moi-même. Ce n'était pas moi... J'ai entendu les craquements de son crâne, il y avait du sang partout, elle était... défigurée. Tout à coup, j'ai réalisé ce que je venais de faire, j'ai cru m'évanouir... et je me suis enfui.

*

En ayant connaissance de toutes ces déclarations, et à la lumière des premiers éléments de l'enquête, quel suspect les enquêteurs devraient-ils placer en état d'arrestation pour homicide volontaire ?

SOLUTION PAGE 81

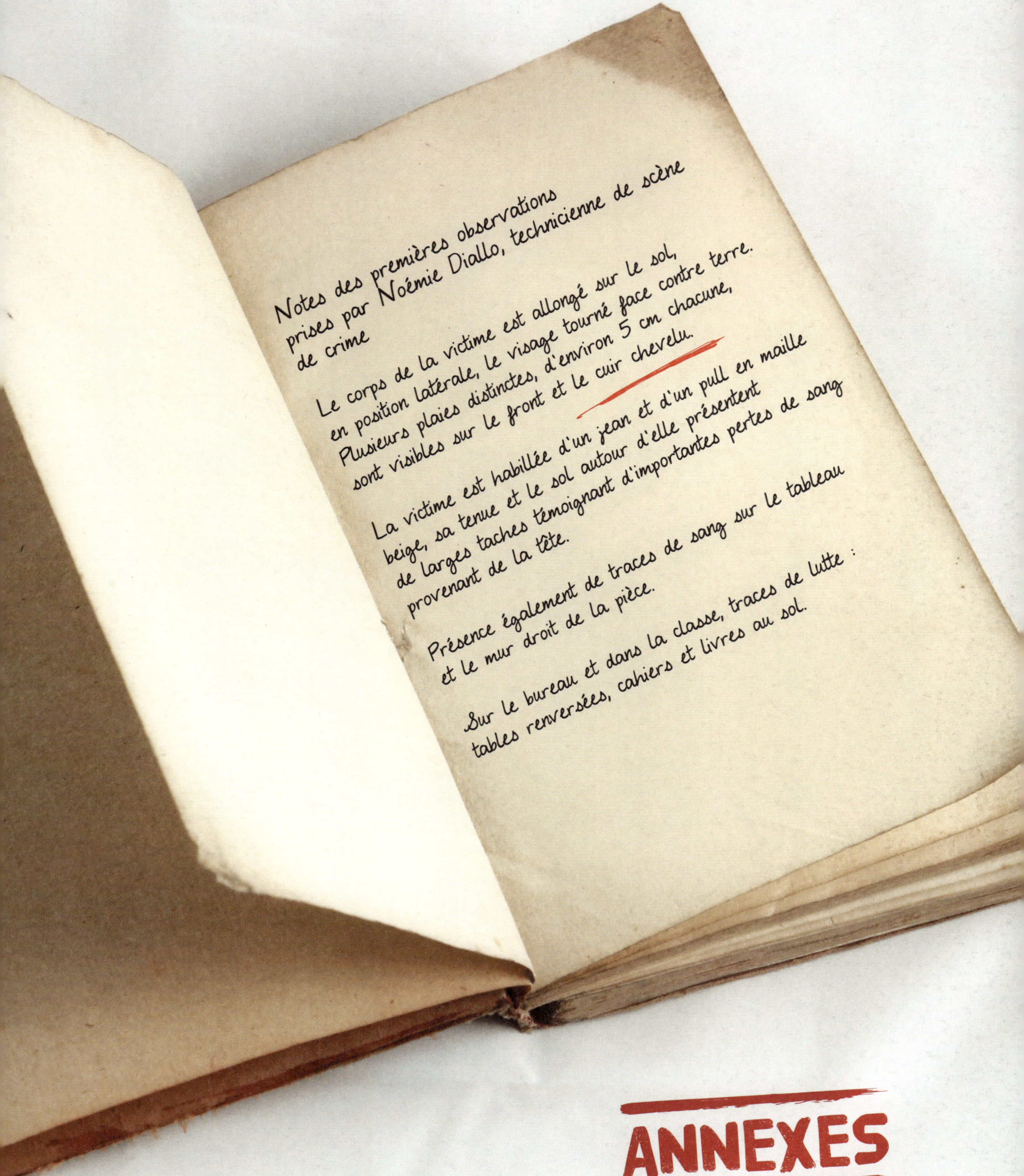
Notes des premières observations
prises par Noémie Diallo, technicienne de scène
de crime

Le corps de la victime est allongé sur le sol,
en position latérale, le visage tourné face contre terre.
Plusieurs plaies distinctes, d'environ 5 cm chacune,
sont visibles sur le front et le cuir chevelu.

La victime est habillée d'un jean et d'un pull en maille
beige, sa tenue et le sol autour d'elle présentent
de larges taches témoignant d'importantes pertes de sang
provenant de la tête.

Présence également de traces de sang sur le tableau
et le mur droit de la pièce.

Sur le bureau et dans la classe, traces de lutte :
tables renversées, cahiers et livres au sol.

ANNEXES

L'AFFAIRE

THIERRY PAULIN

Thierry Paulin est un tueur en série français, né le 28 novembre 1963 et décédé à l'âge de 25 ans le 16 avril 1989.

Durant trois ans, de 1984 à 1987, Paulin agresse et tue de nombreuses femmes âgées à leur domicile à Paris.

Interpellé en 1987, il avoue 21 meurtres, et dénonce son complice Jean-Thierry Mathurin.

Surnommé « le Monstre de Montmartre », Paulin suivait ses victimes jusque chez elles pour les assassiner et leur dérober leur argent et leurs objets de valeur.

Les empreintes digitales de Thierry Paulin étaient enregistrées et archivées par la police de Toulouse depuis 1982, mais l'absence de fichier centralisé et automatisé a empêché qu'il soit identifié plus tôt.

C'est suite à cette affaire qu'a été créé le FAED (fFichier Automatisé des Empreintes Digitales), permettant désormais à la police de soumettre une empreinte découverte sur une scène de crime au fichier, qui la compare à une grande base de données.

Thierry Paulin est mort des suites du sida avant d'avoir pu être jugé et condamné pour ses crimes.

L'AFFAIRE

GUY GEORGES

Guy Georges est un violeur et un tueur en série français, né le 15 octobre 1962. Celui qu'on a surnommé « le tueur de l'Est parisien » a agressé une vingtaine de femmes au cours de sa vie et en a tué sept à leur domicile, entre 1991 et 1997.

Son mode opératoire consistait à repérer ses victimes dans la rue et à les suivre pour les surprendre lorsqu'elles rentraient chez elle. Il les menaçait ensuite avec un couteau, découpait leurs sous-vêtements et les violait, avant de les assassiner.

Après des années d'enquête et de traque, Guy Georges est finalement identifié grâce à son empreinte ADN et interpellé.

Au début de son procès, le tueur en série nie les crimes, mais après la confrontation avec l'une de ses victimes ayant survécu, il craque et avoue les meurtres.

Le 5 avril 2001, Guy Georges est condamné à la réclusion à perpétuité, accompagnée d'une période de sûreté de 22 ans. Ayant été placé en détention provisoire depuis 1998, il a désormais la possibilité de demander une libération conditionnelle depuis mars 2020.

5

16 février 2006

LA DISPARITION DE LA FAMILLE MICHAUD

Depuis bientôt un mois, les cinq membres de la famille Michaud étaient portés disparus. Le fait divers lyonnais avait rapidement pris une ampleur démesurée et faisait régulièrement la une sur toutes les chaînes d'information nationale, d'autant que les nombreux rebondissements de l'enquête permirent de transformer le drame en véritable feuilleton.

Voici, à ce jour, les éléments principaux de l'enquête

Le père, Jean-François, la mère, Sylvie, et leurs trois enfants, Simon (15 ans), Jessica (13 ans) et le petit dernier Hugo (7 ans) sont partis le 23 janvier, sans laisser de traces.

Un mystérieux e-mail a été envoyé, depuis le compte de Jean-François, en fin d'après-midi du 25, pour avertir la famille et les amis proches d'un départ soudain en vacances.

Les proches de la famille ont immédiatement été alertés par ce message à la tonalité surprenante : cela ne ressemblait pas au style d'écriture habituel de Jean-François, et ni lui, ni Sylvie ni Simon ne répondaient aux appels sur leurs téléphones portables. Ce sont les parents de Sylvie et son frère qui ont contacté la police en premier, inquiets de ce comportement étrange et inhabituel.

Selon les proches de la famille, le couple traversait des difficultés depuis déjà plusieurs années. Le terme de violence conjugale avait été évoqué, du bout des lèvres, comme s'il s'agissait d'une grossièreté qu'on avait du mal à nommer. À ses amis et ses parents proches, Sylvie avait évoqué son envie de divorcer et de partir. Elle avait d'ailleurs déjà quitté Jean-François à deux reprises, le temps d'un week-end, pour aller rejoindre un autre homme avec qui elle conversait parfois sur un forum. Mais passés quelques jours, elle était finalement revenue auprès de son mari, dont l'emprise était probablement encore trop forte.

Le 1er février, une enquête pour disparition inquiétante a été ouverte et un avis de recherche a été lancé. En parallèle, les enquêteurs ont obtenu le droit de perquisitionner le domicile des Michaud. Sur place, ils ont découvert des traces de sang dans une chambre et dans la salle de bains, nettoyées à la va-vite. Des gouttelettes de sang ont été projetées en grande quantité sur les murs de la chambre parentale. Le matelas a été retourné pour masquer la trace de sang dessus. Les résultats des analyses ADN, après plusieurs jours d'attente, ont révélé qu'il s'agissait du sang de Sylvie Michaud.

Les voisins des Michaud ont affirmé avoir vu Jean-François et les enfants, le matin du 23 janvier, charger des sacs et des valises dans le coffre de la berline noire du père de famille. Ils ont ensuite été aperçus par plusieurs témoins dans la cafétéria d'un centre commercial de Villeurbanne ce midi-là et filmés par des caméras de surveillance. Ils semblaient tout à fait normaux. Depuis, plus aucun signe de vie de la famille, mis à part quelques témoignages contradictoires de certains voisins, qui pensaient avoir croisé Sylvie et Jean-François le 25 janvier devant la maison.

Le 4 février, l'enquête a rebondi lorsqu'on a retrouvé le véhicule familial garé sur le parking d'un supermarché de Villefranche-sur-Saône.
À l'intérieur, quelques gouttes de sang ont été retrouvées. Cette fois, les analyses ont révélé la présence de plusieurs ADN : celui de Sylvie, encore une fois,

mais également ceux des 3 enfants, Simon, Jessica et Hugo.

Le 6 février 2006, le service de la PJ de Lyon est entré en effervescence suite à l'arrivée d'une lettre anonyme, selon laquelle les corps de la famille Michaud auraient été cachés dans un bois près du lac de Nantua.

En suivant les indications de cette lettre et après deux jours de battues dans la zone désignée, les enquêteurs ont fait une découverte absolument effroyable : des membres découpés ont été retrouvés dans de grands sacs poubelles, cachés sous un tas de feuilles dans la forêt.

L'analyse ADN a permis de confirmer qu'il s'agissait bien des restes de la famille Michaud :

- le bras droit (sectionné au-dessus du coude) de Jean-François,
- le pied et le tibia gauche de Sylvie,
- le torse et le bras droit de Simon,
- les deux jambes de Jessica,
- le corps sans tête d'Hugo.

Aucune tête n'a été retrouvée. L'analyse toxicologique a apporté un autre élément important, à savoir une forte présence de propofol. Ce puissant anesthésiant avait probablement été injecté dans le corps des victimes, ce qui indiquait premièrement que les Michaud étaient inconscients lorsqu'ils ont été assassinés, mais aussi que ces meurtres avaient fait l'objet d'une véritable préparation. Cette découverte sema alors le trouble dans l'esprit des enquêteurs. Ils étaient persuadés jusqu'à ce moment-là qu'il s'agissait d'une affaire d'homicide intrafamilial et ils étaient à la recherche de Jean- François Michaud. Il faut dire que le père de famille s'était fait quelques ennemis ces dernières années. Après avoir fondé une société de vente de programmes personnalisés dans le domaine du « bien-être » (pour perdre du poids, réduire son anxiété, booster son estime de soi), s'appuyant sur des médecines parallèles, son entreprise avait fait l'objet de nombreuses attaques en justice de clients mécontents des services qu'ils avaient payés et elle était en faillite depuis la fin de l'année 2005.

Les dernières découvertes mettaient à mal la théorie des enquêteurs. La famille aurait-elle été en réalité assassinée par un tiers encore non identifié ?

L'enquêtrice Éloïse Bengalis avait été l'une des premières sur l'affaire. Elle avait passé des heures à éplucher tous les rapports, à lire les auditions des proches de la famille, à scruter chaque détail au domicile des Michaud lors de la perquisition ou encore dans la forêt, près du lac, à suivre la piste laissée par l'auteur de la lettre anonyme.

D'abord persuadée d'être sur les talons d'un homme ayant assassiné sa femme et enlevé ses enfants, les nombreuses découvertes au fil du mois précédent avaient commencé à ébranler ses certitudes. Bengalis avait retourné le problème cent fois dans sa tête, mais la réponse restait obstinément hors de sa portée.

Le 23 janvier, lorsqu'il était parti du domicile avec ses enfants, Jean-François Michaud tentait-il de fuir la scène de crime après avoir abattu sa femme (mais dans ce cas, qui l'avait tué ?) ou se sentait-il menacé par quelqu'un ? Était-il bien mort, d'ailleurs ? L'auteur de la lettre anonyme était le tueur, à n'en pas douter, puisqu'il connaissait l'emplacement des corps. Mais bon sang, pensa Éloïse, pour quelle raison le tueur aurait-il aidé la police ? Était-ce par jeu ou pour les mettre sur une fausse piste ?

Bengalis sentait que l'affaire commençait à la happer. Elle était obsédée par cette histoire, comme beaucoup d'autres de ses collègues d'ailleurs. Bientôt, elle serait trop enfoncée dans les méandres de ce mystère pour être capable d'en démêler les nœuds, et elle se retrouverait piégée à l'intérieur, incapable d'en ressortir. Malgré sa migraine qui ne la quittait plus depuis deux jours, une idée commençait à se former. Au départ, elle l'avait balayée d'un revers de la main, pour éviter de se laisser distraire, mais l'idée avait retrouvé son chemin et tentait de revenir s'imposer dans son esprit. Alors, comme guidée par une force qui n'était pas la sienne, la jeune femme attacha ses cheveux bouclés en queue-de-cheval puis commença à taper sur son clavier un avis de recherche, qu'elle imprima. Honteuse d'avoir formulé cette piste saugrenue, elle la déposa, sans la signer, sur le bureau de sa chef.

Dommage car, sans le savoir, Éloïse Bengalis avait vu juste.

À VOTRE AVIS, QUE (OU QUI) MENTIONNAIT L'AVIS DE RECHERCHE D'ÉLOÏSE BENGALIS ?

SOLUTION PAGE 82

ANNEXES

LETTRE DU CORBEAU

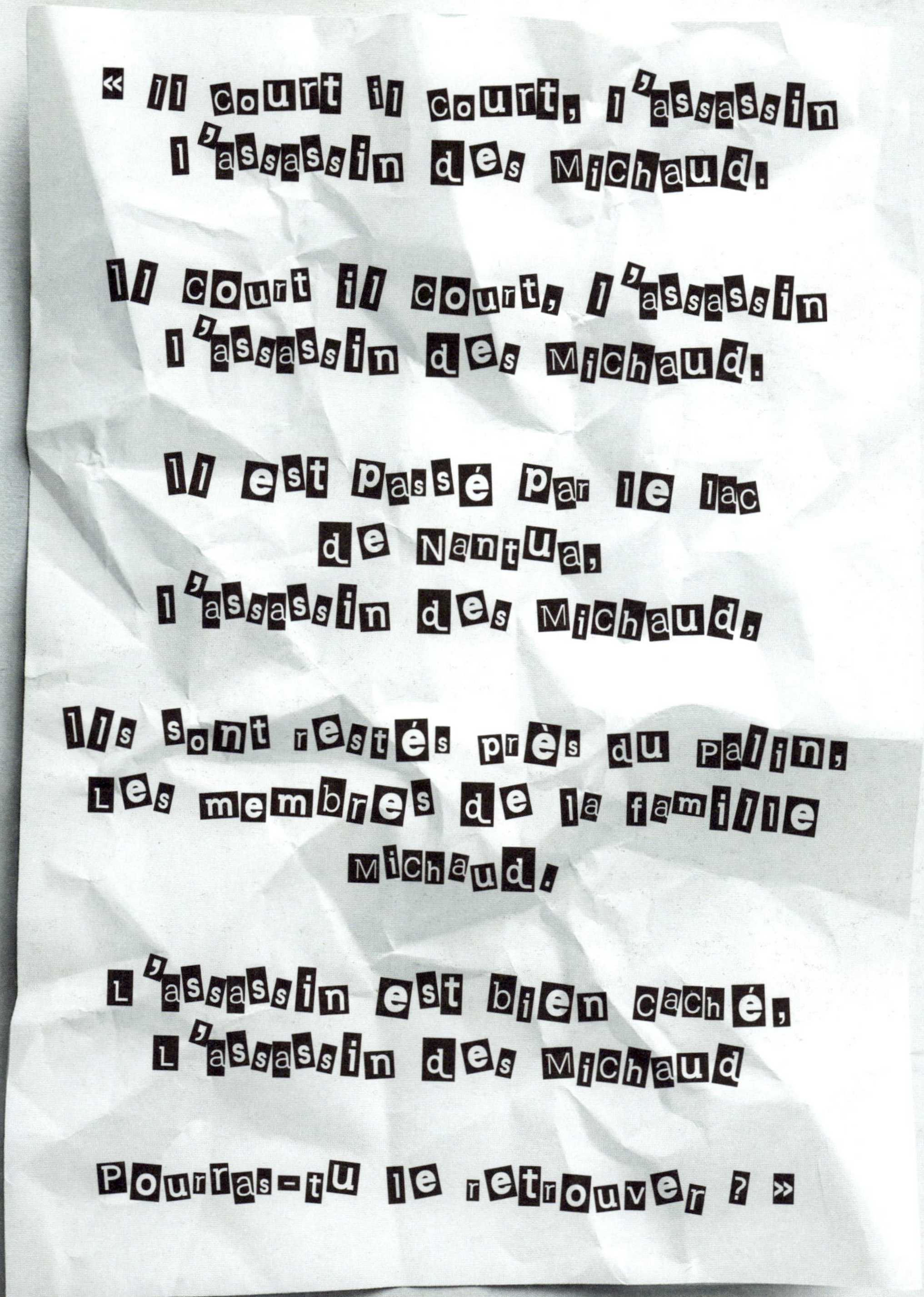
« Il court il court, l'assassin
l'assassin des Michaud.

Il court il court, l'assassin
l'assassin des Michaud.

Il est passé par le lac
de Nantua,
l'assassin des Michaud,

Ils sont restés près du Palin,
Les membres de la famille
Michaud.

L'assassin est bien caché,
L'assassin des Michaud

Pourras-tu le retrouver ? »

MAIL

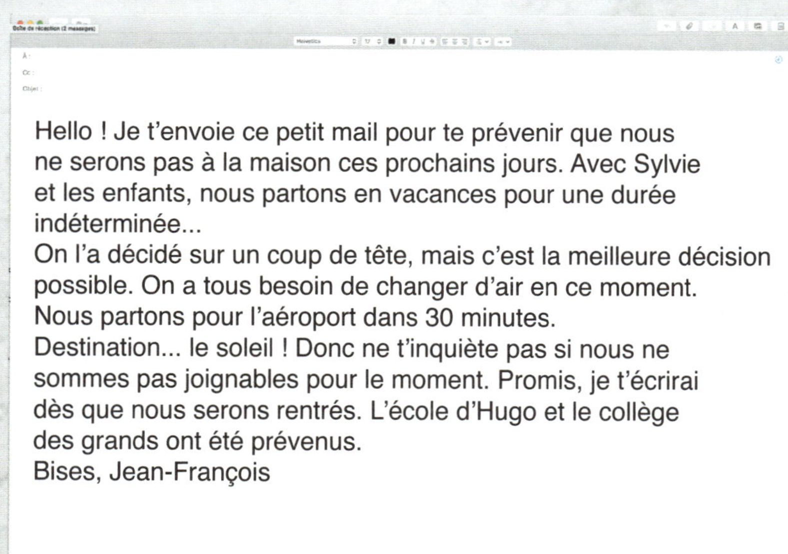
Hello ! Je t'envoie ce petit mail pour te prévenir que nous ne serons pas à la maison ces prochains jours. Avec Sylvie et les enfants, nous partons en vacances pour une durée indéterminée...
On l'a décidé sur un coup de tête, mais c'est la meilleure décision possible. On a tous besoin de changer d'air en ce moment.
Nous partons pour l'aéroport dans 30 minutes.
Destination... le soleil ! Donc ne t'inquiète pas si nous ne sommes pas joignables pour le moment. Promis, je t'écrirai dès que nous serons rentrés. L'école d'Hugo et le collège des grands ont été prévenus.
Bises, Jean-François

COFFRE VOITURE

6

27 mai 1926
Océan Atlantique, à bord du HMS Cappadocia

LA MORT DE LOUISE JENSEN

Après avoir pris son dîner dans la salle à manger, le détective Maurice Thill passa dans le grand fumoir où il accompagna son cigare d'un verre de cognac. Depuis ce matin, le mal de mer dont il avait été victime dès le début de la traversée s'était calmé, et il pouvait enfin savourer un moment de tranquillité sans avoir la nausée. Autour de lui, d'autres gentlemen en complets trois pièces discutaient affaires, économie et politique étrangère dans l'air lourd et enfumé.

C'est au bout d'une vingtaine de minutes que les bribes d'une conversation dans son dos prirent une tournure intéressante, après l'arrivée d'un élégant homme blond à la moustache impressionnante et vêtu d'une veste blanche impeccable. Thill ne put alors s'empêcher de tendre l'oreille :

– ... son corps a été retrouvé en début de soirée, dans sa cabine, pendant que la plupart des passagers prenaient le dîner dans la salle à manger. Il a été placé dans un cercueil qui restera dans les cales jusqu'à notre arrivée après-demain.
– Que s'est-il passé ? Devons-nous nous inquiéter de la présence d'un meurtrier à bord ? s'enquit l'un des hommes du petit groupe.
– Pas le moins du monde. Lady Jensen a laissé une note. Elle s'est donné la mort en avalant du poison.
– Quelle tragédie, soupirèrent les gentlemen d'un air consterné, avant de changer de sujet et de commenter le physique attrayant de la jeune serveuse qui frottait consciencieusement les verres derrière le comptoir de chêne.

Maurice Thill termina son verre d'une traite, se recoiffa rapidement du plat de la main et se leva pour rattraper l'homme à la veste blanche avant qu'il ne quitte le fumoir.

– Excusez-moi monsieur. Je n'ai pas pu m'empêcher de vous entendre raconter cette triste histoire à l'instant

dans le fumoir. Permettez-moi de me présenter : Maurice Thill, détective privé, déclara-t-il tout en tendant la main vers l'homme.
– Pierre Faure, répondit l'homme blond, je suis le second du capitaine. Détective privé, vous dites ? Voilà qui est intéressant ! Et visiblement, toujours aux aguets... Vous auriez quelques minutes à m'accorder ? Votre présence tombe à point nommé.

Thill acquiesça et emboîta le pas du second, qui l'entraîna à travers les couloirs, tout en bavardant poliment. Ils empruntèrent ensemble le grand escalier principal, qui reliait l'étage supérieur à la grande salle à manger, où les passagers dansaient désormais sur un rythme de charleston, cocktails et champagne à la main. Le paquebot était un véritable chef-d'œuvre de raffinement et de luxe. Bois exotiques et dorures paraient chaque centimètre de mur et d'immenses lustres de cristal éclairaient les lieux d'une lumière chaleureuse. Ils avancèrent encore quelques minutes à travers les immenses couloirs du *Cappadocia*. Le bruit de leurs pas était presque entièrement absorbé par l'épaisse moquette couleur crème.

Pierre Faure poussa la porte d'une cabine de première classe et invita le détective à entrer d'un geste de la main. La suite était parfaitement rangée, luxueuse, décorée avec goût. L'entrée donnait directement sur un petit salon, meublé d'un sofa, de fauteuils et d'un secrétaire en acajou. De chaque côté, de grandes portes permettaient d'accéder aux chambres, tandis qu'une plus petite, près de l'entrée, conduisait à une magnifique salle de bains en marbre. Le second referma la porte derrière lui avant d'expliquer la situation à Thill :

– C'est dans cette suite, à 19 h 30, que le corps de Louise Jensen a été découvert par son fils Paul, qui a immédiatement donné l'alerte. Madame Jensen était allongée sur son lit, elle ne respirait plus lorsque le médecin est arrivé. Sur la table de chevet se trouvait une note, que voici.

Le détective saisit le papier que Pierre Faure avait sorti de sa poche et lui tendait.

– Au pied du lit, nous avons découvert une fiole, qui contenait probablement de l'arsenic selon le médecin. C'est avec cette substance que Louise Jensen s'est donné la mort, poursuivit Faure.
– Alors, quel élément vous a fait penser qu'il ne s'agissait peut-être pas d'un suicide ? demanda le détective privé, tout en replaçant ses cheveux sur le côté.
Pierre Faure lui lança un regard surpris.

– Mais enfin, mon garçon, il me semble évident que vous avez des doutes ! Vous ne m'auriez pas demandé de vous accompagner jusqu'ici si cela n'avait pas été le cas. C'est bien pour mes compétences de détective que vous m'avez amené dans cette cabine, n'est-ce pas ?

– En effet, balbutia le second, qui se reprit en quelques secondes. Comme vous l'avez entendu au fumoir je suppose, je n'ai pas voulu alerter les passagers, mais je crains qu'un assassin se trouve à bord. Et votre expertise pourrait bien m'aider à le démasquer.

Encouragé par le regard interrogateur de Thill, le second continua :

– Il se trouve que je connaissais un petit peu madame Jensen. L'année dernière, elle avait déjà effectué une croisière sur notre bateau, et j'ai eu l'occasion de la croiser ou d'échanger quelques mots avec elle à plusieurs reprises. Un jour, je l'ai aidée à chercher un médaillon qu'elle avait égaré sur le pont supérieur. Il avait glissé sous le transat sur lequel elle avait fait une sieste. Elle était très reconnaissante, et m'avait expliqué qu'elle ne le quittait jamais, car c'était un cadeau de communion qu'elle avait reçu de la part de ses parents. Lorsque je l'ai revue il y a quatre jours pour l'embarquement, j'ai pu constater qu'elle le portait toujours. Nous nous sommes d'ailleurs remémoré l'incident et elle m'a remercié à nouveau pour l'avoir retrouvé à l'époque. Lorsque j'ai été appelé, avec le médecin, pour constater son décès, j'étais trop choqué pour m'en rendre compte, mais c'est un détail qui m'est revenu par la suite : ce soir, le médaillon n'était pas autour son cou. Je me suis permis de chercher un peu partout dans la cabine, mais je ne l'ai pas retrouvé. Voilà ce qui m'a semblé étrange, mais je ne savais pas à qui faire part de cette information.

Alors, quand vous vous êtes présenté en tant que détective, je me suis dit que vous pourriez peut-être m'aider à y voir plus clair.

Maurice Thill passa sa main dans ses cheveux plusieurs fois pour les plaquer contre son crâne tout en jetant un œil autour de lui.

– Étrange, oui, c'est possible... chuchota-t-il, presque pour lui-même. Le médaillon aurait-il été volé ? Permettez-vous que j'inspecte un peu plus en détail la cabine ?

– Faites donc. C'est justement ce que j'espérais, fit Faure en lui adressant un sourire reconnaissant.

Le détective commença par la chambre de Louise Jensen, inspectant les tiroirs de la table de chevet et le grand placard en bois massif. Seul le lit défait, dont on avait ôté les draps tachés par les vomissements de la défunte, témoignait du drame qui s'était déroulé dans la pièce. Pierre Faure suivait Maurice, tout en répondant à ses questions.

– C'est donc son fils qui l'a trouvée ici ?
– Oui, c'est Paul Jensen qui a découvert le corps de sa mère, alors qu'il venait la chercher pour aller dîner.
– Où est-il à présent ?
– Il se trouve actuellement à l'infirmerie. Le choc a été si brutal qu'il s'est évanoui lorsque le médecin a prononcé le décès de sa mère.
– Pourrai-je l'interroger ?
– Vous pourrez probablement lui parler demain, s'il se sent mieux. Il a une vingtaine d'années il me semble, mais il paraît bien plus jeune. D'après ce que j'ai pu apprendre de lui, le pauvre n'avait plus que sa mère... Son père est décédé durant la guerre, et sa petite sœur a été emportée par une pneumonie alors qu'il n'était encore qu'un enfant.

Maurice Thill reprit l'examen des lieux. Rien dans les tiroirs des meubles de la chambre, ni sous le lit. Aucune trace de lutte ou de désordre, mis à part une tasse de thé négligemment abandonnée sur la table de chevet. Les malles contenant les affaires de Louise Jensen n'apprirent rien de plus à Maurice Thill, si ce n'est le goût affirmé de la défunte pour les tenues éclatantes : plumes, perles et sequins en débordaient.

Thill passa ensuite au petit salon, s'attardant plus particulièrement sur le secrétaire, dans l'espoir d'y découvrir plus d'indices. Il ne trouva cependant que quelques lettres de la correspondance de Louise Jensen avec ses amis de France et de Belgique, ainsi que son agenda. L'étude graphologique faisait partie des techniques d'investigation les plus en vogue à l'époque grâce à l'engouement d'Edmond Locard pour la discipline, et Maurice, bien que n'étant pas expert en la matière, prit soin d'étudier la forme des lettres et de comparer l'écriture présente sur l'agenda avec celle de la note de suicide. Elles étaient semblables.

Le détective privé se tourna vers Faure et fit une moue accompagnée d'un geste des mains, pour lui signifier qu'il n'avait rien trouvé. Ils passèrent ensuite dans la chambre de Paul Jensen, non sans une certaine gêne, car ils n'avaient aucune autorisation pour fouiller dans ses affaires.

– Que savez-vous des relations qu'entretenaient Louise Jensen et son fils ? Y a-t-il eu des tensions entre eux, depuis leur arrivée sur le navire ? demanda le détective privé, qui espérait presque inconsciemment une réponse par l'affirmative pour se déculpabiliser de mettre son nez dans les affaires du jeune homme.

– Pas à ma connaissance, non. Mais comme je vous l'ai dit, c'est un garçon très pudique et peu expressif. Je n'ai jamais échangé plus que des banalités avec lui.

Plusieurs livres étaient empilés sur la petite table près du lit de Paul. Maurice Thill parcourut distraitement les titres : *Macbeth*, William Shakespeare ; *Anna Karénine*, Léon Tolstoï ; *Antigone*, Sophocle ; *Madame Bovary*, Gustave Flaubert. Son doigt s'arrêta sur la reliure en cuir d'un livre qui ne comportait aucune inscription. Il le saisit, l'ouvrit et s'aperçut qu'il s'agissait d'une sorte de journal de bord, tenu par Paul Jensen. Maurice Thill n'avait pas envie de paraître intrusif. Il le feuilleta négligemment, tout en questionnant Pierre Faure pour que ce dernier ne s'en aperçoive pas...

– Paul est-il la dernière personne à avoir vu sa mère en vie ?
– Il semblerait que non, répondit le second du capitaine avec entrain.

Apparemment ravi de pouvoir aider et participer à l'enquête de Maurice Thill, il enchaîna :
– Paul Jensen a pris le thé avec sa mère, en présence de quelques connaissances, cet après-midi vers 16 h. Il a pris congé environ 40 minutes plus tard, pour aller chercher un livre dans sa cabine, avant de ressortir pour s'installer sur le pont-promenade.
Le détective privé continuait de tourner les pages du carnet en même temps qu'il écoutait le récit du second, qui lui, tournait en rond au pied du lit, jetant parfois des regards inquiets en direction de la porte de la cabine, comme s'il s'attendait à voir quelqu'un entrer à tout moment.

– Louise s'est excusée auprès de ses amies en disant qu'elle se sentait fatiguée et elle est partie se reposer peu après 17 h. C'est une heure plus tard qu'elle a été vue en vie pour la dernière fois, par la femme de chambre personnelle des Jensen, Eugénie Chambon. Nous l'avons interrogée, bien sûr. Mademoiselle Chambon travaille pour les Jensen depuis trois ans maintenant. Selon elle, sa patronne était allongée sur son lit lorsqu'elle est entrée dans la cabine. À la demande de madame Jensen, elle lui avait préparé un thé qu'elle lui avait laissé sur la table de chevet avant d'être congédiée.

Maurice Thill avait soudainement arrêté de tourner les pages du calepin. Il se tourna vers le second et déclara d'un air grave :

– Monsieur Faure, inutile de continuer. Conduisez-moi auprès du capitaine je vous prie, je vous dirai tout ce que j'ai compris à propos de la mort de Louise Jensen.

COMME LE DÉTECTIVE, AVEZ-VOUS COMPRIS CE QUI S'EST PASSÉ DANS LA CABINE 38 ? VÉRITABLE SUICIDE OU HOMICIDE CACHÉ ?

SOLUTION
PAGE 84

ANNEXES

23 mai 1926. Le Havre

C'est aujourd'hui que nous embarquons sur le Capadoccia avec mère et Eugénie ! Nous effectuerons la traversée en première classe, et dans six jours, nous devrions atteindre New York, pour y retrouver tante Joséphine. J'ai été très fatiguée ces derniers jours. Mère pense que l'air du large me fera le plus grand bien.

24 mai 1926. cabine 38

Le roulis des vagues m'a rendu malade toute la nuit. Depuis ce matin cependant, je me sens un peu mieux. Dehors, il fait beau mais froid. Nous nous rendrons ce soir à une projection de La Ruée vers l'or avec mère. J'espère que je n'aurai plus la nausée à ce moment là, ce serait si embarrassant...

27 mai 1926, cabine 38, HMS Capadoccia

Chers amis, mon très cher Paul,
La vie n'a plus aucun goût pour moi depuis des années. Je pars rejoindre mes amours Lucien et Marie. J'espère que vous ne m'en voudrez pas.

L.J.

Note

21 mai 1926
Préparer les malles (Eugénie)
déjeuner avec Marie au jardin botanique

22 mai 1926
Inviter Jean et Henriette pour le thé

L'AFFAIRE

Robert DURST

Né le 12 avril 1943, Robert Allan Durst est un milliardaire américain dont la vie surpasse de loin la plupart des scénarios de thrillers. Fils aîné du magnat de l'immobilier Seymour Durst, il vit une enfance privilégiée jusqu'à ses 7 ans, lorsqu'il assiste à la mort de sa mère, qui tombe du toit de leur domicile. Malgré les déclarations officielles de la famille, selon lesquelles cette chute était accidentelle, il est fort probable qu'il s'agisse en réalité d'un suicide, qui marquera profondément Robert.

Vilain petit canard de la famille, il est écarté de l'empire bâti par son père, qui lui préfère son frère cadet Douglas, donnant naissance à une vive amertume entre les deux frères.

En 1973, Robert Durst épouse Kathleen « Kathie » McCormack, une belle et jeune étudiante qu'il fréquente depuis deux ans. Le 31 janvier 1982, elle disparaît mystérieusement après une dispute avec son époux. L'enquête ne permettra jamais de la retrouver, ni d'interpeller un suspect.

Au début de l'année 2000, le dossier sur la disparition de Kathie Durst est rouvert. Susan Berman, la meilleure amie de Robert, est appelée à témoigner, mais elle sera tuée chez elle le 24 décembre 2000 d'une balle dans la tête, avant d'avoir pu être entendue par les enquêteurs. Son corps sera découvert par la police, après l'arrivée d'une lettre anonyme mentionnant un cadavre à son adresse.

À l'automne 2001, Robert Durst vit au Texas sous la fausse identité d'une vieille femme, dont il prend l'apparence en se déguisant. Il est arrêté le 9 octobre 2001 après avoir volé un sandwich dans une supérette, alors qu'il avait plusieurs dizaines de milliers de dollars en espèces sur lui. Il est alors inculpé pour le meurtre de son voisin, Morris Black.

Tué le 28 septembre, Black a été démembré et les parties de son corps ont été jetées dans la baie de Galveston. Elles sont retrouvées dès le lendemain et les soupçons se portent sur Robert Durst. Il avoue le crime, mais explique qu'il a agi par légitime défense. Ce sera sa défense lors de son procès en 2003, à l'issue duquel il sera... acquitté.

En 2010, le film *All Good Things*, directement inspiré de la vie de Robert Durst, sort sur les écrans.

Par la suite, Robert Durst et le réalisateur du film, Andrew Jarecki, vont se rencontrer à plusieurs reprises pour des interviews filmées, dans le but de créer un documentaire dans lequel Durst pourra livrer sa propre version des faits.

L'enquête non officielle menée par le réalisateur et son équipe est exceptionnelle : elle va permettre de mettre au jour un élément incriminant très fortement Robert Durst. En effet, ce dernier avait envoyé une lettre à sa meilleure amie Susan Berman, peu de temps avant sa mort, en faisant une faute dans son adresse (Beverley Hills au lieu de Beverly Hills). Or on retrouve cette faute sur la lettre anonyme envoyée par le tueur à la police en décembre 2000.

Confronté à cette preuve, Robert Durst s'incriminera tout seul, à son insu : alors qu'il se rend aux toilettes, il oublie que le micro accroché à sa chemise continue d'enregistrer, et se parlant à lui-même, il avoue les trois homicides !

Robert Durst est arrêté peu de temps après la diffusion du documentaire en 2015 et est actuellement emprisonné, dans l'attente de son procès qui devrait se tenir au printemps 2021. Il est maintenant âgé de 77 ans.

QUIZ

1/ Quel était le surnom du tueur en série Jeffrey Dahmer ?

- le cannibale de Milwaukee
- l'ogre de Wisteria
- le vampire de Sacramento

2/ Le syndrome de Stockholm tient son nom d'un événement tragique, mais lequel ?

- un attentat dans une préfecture
- une prise d'otages dans une banque
- une inondation spectaculaire

3/ C'est l'un des hôtels les plus mythiques pour tous les passionnés d'affaires criminelles. Situé à Los Angeles, on le nomme...

- le Stanley Hotel
- le Hollywood Roosevelt Hotel
- le Cecil Hotel

4/ Comment appelle-t-on l'étude des empreintes digitales ?

- la biométrie
- la physiognomonie
- la dactyloscopie

5/ Comment s'appelait la secte fondée par Charles Manson ?

- le Temple du Soleil
- la Famille
- le Cercle

6/ Les victimes du tueur en série Thierry Paulin étaient :

- des femmes âgées
- des hommes jeunes
- des enfants

Placez ces différents éléments dans le bon ordre sur la frise chronologique

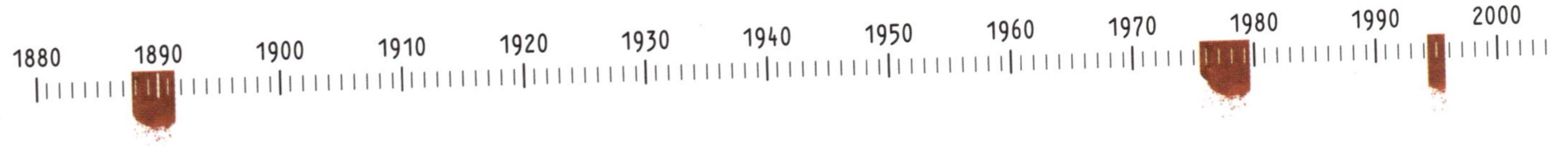

A O. J. Simpson est déclaré non coupable à l'issue de son procès pour le meurtre de Nicole Brown et Ronald Goldman

B Les meurtres de Whitechapel, commis par Jack l'Éventreur

C John Douglas et Robert Ressler, agents du FBI, interviewent des tueurs en série pour mieux comprendre leurs mécanisme psychologiques

DÉCODEZ LE MESSAGE DU TUEUR

E P'EXXIRXMSR HIW TSPMGMIVW
GIW HIVRMIVIW WIQEMRIW N'EM IWWECI HI
QI VIXIRMV. ZSYW GVSCID UYI NI TVIRHW HY
TPEMWMV E XYIV ?
NI RI WYMW TEW YR QSRWXVI.
NI WYMW YR LSQQI FPIWWI, YR XVEZEMPPIYV,
YR FSR TIVI. IRJMR N'IWWECI...
E QE TPEGI, ZSYW WIVMID EYXERX IR GSPIVI
UYI QSM.
TIYX-IXVI QIQI UYI ZSYW XVEUYIVMID HIW
JIQQIW EYWWM.
QE QIVI, QIW GSYWMRIW, QIW IB... IPPIW Q'SRX
XSYXIW VINIXI. NI QI WYMW XSYNSYVW
IJJSVGI H'IXVI YR QIG FMIR QEMW GI R'IWX TEW
GI UYI ZIYPIRX PIW JIQQIW.
IPPIW ZSYW VEFEMWWIRX, ZSYW LYQMPMIRX,
IPPIW WI QSUYIRX HI ZSYW IX IR TPYW IPPIW
EMQIRX NSYIV PIW ZMGXMQIW.
G'IWX JMRM QEMRXIRERX.
NI ZEMW PIYV JEMVI TECIV.
ETVIW-HIQEMR N'IRXVIVEM HERW YRI GPEWWI
HI WTSVX VIWIVZII EYB JIQQIW HERW PI
GIRXVI-ZMPPI IX EHZMIRRI UYI TSYVVE.
GI WIVE IPPIW SY QSM.

ANAGRAMMES

1) ----- ---------
IWRDE KAIBVTOZD

2) -- ----
IE GDEN

3) ------ -------
EOSNUR LAINOWE

7

Lundi 8 août 1977, 7 h 30 du matin.

L'AFFAIRE DES ÉTUDIANTES ÉTRANGLÉES

Après une courte nuit, la chaleur et la lourdeur de la veille flottaient encore dans l'air parisien. Juliette Castelli retrouva directement son collègue Joaquim Brauner au pied du 10, rue de Vaucouleurs dans le 11e arrondissement. Elle était venue à pied, son appartement de République n'étant vraiment pas loin.

Brauner l'attendait en bas de l'immeuble. Il écrasa sa cigarette sous son pied lorsque la jeune femme s'approcha de lui et ils se saluèrent chaleureusement.

– Tu as passé un bon week-end ? s'enquit Juliette Castelli avec entrain.

– Super ! Ça fait du bien de prendre quelques jours de congé, tu devrais essayer, lui rétorqua Joaquim avec un petit clin d'œil taquin tout en désignant les cernes de sa binôme.

– Tu es gonflé, éclata-t-elle de rire, Melki était à deux doigts de te virer si tu avais encore refusé de prendre une pause.

– Touché… fit Joaquim en baissant la tête, un sourire gêné aux lèvres.

Les agents Castelli et Brauner avaient été réveillés tôt ce matin-là par un appel du chef de la brigade criminelle, Jean-Pierre Melki, et ils avaient reçu l'ordre de se rendre immédiatement à l'adresse indiquée. *On avait encore découvert un corps.*

Ils montèrent à la hâte les trois étages par l'escalier de bois grinçant pour arriver à l'appartement, où se trouvaient les ambulanciers, le petit ami de la victime en état de choc et le cadavre d'Agnès Perez allongé au milieu du salon, pudiquement recouvert d'un grand drap blanc.

La jeune femme avait vécu un calvaire durant la nuit. Elle avait été ligotée, violée, puis étranglée. Le petit ami de la victime avait découvert son corps peu après 6 h du matin, alors qu'il venait de rentrer.

Le salon montrait des traces de lutte évidente. Malgré la table basse et les bibelots renversés, on voyait bien que la pièce avait été décorée avec goût par Agnès Perez. Papier peint aux motifs géométriques brun et orange, lourds rideaux occultant permettant de tamiser l'ambiance, canapé en cuir marron…

On aurait pu se croire dans les pages d'un numéro d'*Art et Décoration*... à condition d'oublier le corps gisant en travers du tapis Shaggy ocre. La chambre, séparée des autres pièces par un couloir, avait été épargnée.

Joaquim passa en revue l'appartement, pendant que Juliette posait quelques questions au jeune homme livide et choqué. Après quelques minutes, l'agent Castelli revint auprès de son collègue, et lui chuchota à l'oreille ce qu'elle avait découvert :

– Il dit qu'il a passé le week-end avec sa famille à Lille et qu'il est parti en voiture de nuit, très tôt ce matin, pour retrouver sa petite amie et lui apporter des croissants avant leurs journées de travail respectives. Ça sera très facile à vérifier. Franchement, je ne pense pas qu'il soit coupable. J'ai bien peur qu'il ne s'agisse encore de *lui*.

Joaquim approuva d'un mouvement de la tête. Il fit part de ses propres observations à Juliette Castelli :
– *Modus operandi* habituel. Pas de traces d'effraction. Les objets de valeur n'ont pas été volés. L'assassin a probablement suivi Agnès Perez lorsqu'elle rentrait chez elle hier soir, puis il lui a sauté dessus alors qu'elle ouvrait sa porte d'entrée...

Les deux enquêteurs firent sortir du salon le petit ami de la victime avant de soulever précautionneusement le drap pour examiner le cadavre. La peau d'Agnès Perez était froide et rigide ; des ecchymoses violacées marquaient sa gorge. Ses vêtements avaient été découpés au couteau.

Le regard de Juliette s'attarda sur le visage d'Agnès. Une jolie frange de cheveux blonds zébrait son front. Ses paupières closes étaient noircies par le mascara qui avait coulé. L'enquêtrice sentit sa gorge se serrer à l'idée du cauchemar qu'avait vécu la victime dans ses derniers instants. Joaquim ne parlait plus non plus. Ses yeux glissèrent sur le corps sans vie.

- Pas de doute, c'est son œuvre, souffla-t-il. Il faut arrêter cette ordure au plus vite.

Brauner et Castelli quittèrent l'immeuble à 10 h du matin suite à la levée du corps, après s'être assurés d'avoir suffisamment de notes et de photos de la scène de crime. Une autre équipe avait pris le relais afin de chercher d'éventuelles empreintes digitales et autres indices. Ils retournèrent ensemble au 36, quai des Orfèvres à bord de la Golf de Joaquim. Les cheveux brillants plaqués sur le côté, moustache soigneusement taillée, ses vêtements parfois légèrement démodés et son air timide conféraient au trentenaire un charme auquel Juliette n'était pas insensible. Mais Castelli était nouvelle dans le service et elle voulait faire ses preuves. Elle tourna son regard vers la droite pour observer les immeubles défiler à travers la vitre et empêcher son esprit de divaguer.

Cela faisait déjà huit mois que la brigade criminelle courait après un tueur en série qui sévissait dans la capitale. Tout avait commencé à la mi-décembre 1976, lorsqu'on avait découvert le premier corps. Une jeune femme assassinée dans son duplex à Jaurès, retrouvée par ses parents : pieds et poings liés, vêtements découpés... Violée puis asphyxiée avec un sac plastique. Des empreintes digitales avaient bien été relevées sur la scène de crime, mais la police n'était pas parvenue à les relier à un suspect.

Ensuite, ça avait recommencé fin février. Même mode opératoire, mêmes empreintes sur la poignée de la porte d'entrée. Cette fois encore, sans élément supplémentaire, la PJ courait après du vent.

Début juillet, le tueur avait frappé à nouveau. Une jeune femme de 19 ans avait été étranglée chez elle et retrouvée par ses colocataires au retour d'une soirée arrosée. Cette fois-ci, le criminel avait été aperçu par des voisins, alors qu'il s'engouffrait dans le hall d'immeuble à la suite de la victime. Ils avaient décrit un homme brun, d'environ 1,80 m, portant la moustache. Une description sommaire à laquelle de nombreux hommes à Paris correspondaient, en somme.

Tout Paris avait pris conscience qu'un tueur en série rôdait en son sein. Bientôt, la presse l'avait surnommé « L'Étrangleur d'étudiantes ». Rapidement, cette attention médiatique avait éveillé quelque chose chez le tueur en série. Une envie de reconnaissance, probablement... Le 11 juillet 1977, la PJ avait reçu un courrier anonyme de l'Étrangleur. Au départ, on s'était demandé s'il s'agissait d'une farce, mais les détails que l'auteur donnait sur les scènes de crime, qui n'avaient pas été révélés au public, avaient obligé les enquêteurs du 36 à reconnaître qu'il s'agissait bien du tueur.

L'Étrangleur d'étudiantes avait tenu parole, et le meurtre d'Agnès Perez en était la preuve. Il n'y avait plus aucune minute à perdre, il fallait l'arrêter à tout prix, avant qu'il ne parvienne à faire une cinquième victime.

Jean-Pierre Melki, le chef de la brigade, attendait les deux agents dans son bureau. Ils lui relatèrent tout ce qu'ils avaient pu constater sur la scène de crime. Le jeune homme qui sortait avec Agnès Perez serait auditionné dans l'après-midi, même s'il n'était pour le moment pas un suspect privilégié pour les enquêteurs. Ils avaient d'ailleurs raison, puisque le lendemain, ils reçurent la confirmation que les empreintes digitales du tueur en série avaient, une nouvelle fois, été retrouvées dans l'appartement de la victime. Le tueur n'avait pas fui les lieux tout de suite après le meurtre, il s'était visiblement servi une bière dans le frigo, signe d'une audace sans limite.

Il fallait d'ailleurs compter sur cet excès de confiance de l'Étrangleur pour qu'il commette une erreur qui le compromette. En espérant qu'il n'ait pas l'occasion de faire une nouvelle victime entretemps... Ne sachant pas comment coincer ce meurtrier qui était parvenu jusqu'ici à se fondre complètement dans la capitale sans se faire remarquer, les agents Castelli et Brauner passaient énormément de temps à éplucher les nombreuses pages du dossier : comptes rendus et descriptions détaillées des scènes de crime, déclarations des voisins et témoins, et cette fameuse lettre qui les narguait tant. Joaquim Brauner se montrait très investi dans l'affaire. Vivant loin de sa famille et n'étant pas marié, le trentenaire sacrifiait ses soirées voire ses nuits à collecter la moindre information pour tenter de dresser un portrait psychologique du tueur. Depuis quelques semaines, il perdait du poids à vue d'œil et sa collègue s'inquiétait pour lui. Ces meurtres de femmes semblaient toucher une corde sensible en lui, mais il n'avait jamais voulu lui en parler...

L'annonce d'une nouvelle victime de l'Étrangleur d'étudiantes avait mis le feu aux poudres. La presse nationale ne parlait que de ça. Même les journaux internationaux s'y mettaient. Et bien sûr, tout le monde y allait de son commentaire sur l'efficacité, ou plutôt l'inefficacité de la police judiciaire.
Dans le métro, Castelli ne pouvait pas s'empêcher d'entendre les conversations autour d'elle. Les gens n'étaient pas tendres dans leurs remarques, les femmes étaient terrorisées ; Juliette pouvait les comprendre. Elle-même n'était pas complètement rassurée de rentrer chez elle le soir, et elle serrait sous son manteau son revolver, qu'elle avait pris pour habitude de garder sur elle, même lorsqu'elle n'était pas en service.

Une semaine passa, sans signe du tueur. L'intérêt de la presse fut happé par un autre drame, le *King* venait de mourir dans sa propriété à Memphis. Au 36, on avait imprimé un portrait-robot approximatif du suspect, qu'on avait transmis et placardé dans tous les services de police parisiens.

Au milieu de l'apathie ambiante, Joaquim Brauner était agité. Il partait parfois faire des rondes dans le nord de la capitale, à la recherche du tueur. Le reste du temps, il s'enfermait dans son bureau et étalait tous les éléments du dossier, à la recherche du moindre indice.

L'officier Melki le força à prendre quelques jours de congé à nouveau :
– Partez donc dans votre famille quelques jours, allez prendre l'air à la campagne, j'en ai assez de vous voir tourner en rond comme un fauve en cage. Vous allez finir aveugle à force d'avoir le nez dans les dossiers.

Dans la soirée du 19 août, Sophie Chenaux se fit agresser alors qu'elle rentrait à son studio près du Père-Lachaise. La jeune femme se débattit autant qu'elle le put, hurlant de toutes ses forces, tandis que le tueur lui serrait un sac plastique autour du visage. Après une grosse minute, les voisins, alertés par les cris, contactèrent la police, qui se rendit sur place au plus vite. Par chance, la victime respirait encore lors de l'arrivée des secours et elle fut transportée en urgence à l'hôpital.

Dans le même temps, des personnes du quartier signalèrent avoir vu un homme brun s'enfuir en courant en direction du cimetière. Jean-Pierre Melki, arrivé sur place, forma plusieurs équipes de la brigade criminelle pour organiser en vitesse un quadrillage de la zone ; une course contre la montre était engagée. Il était hors de question de laisser filer l'Étrangleur d'étudiantes. On n'avait jamais été aussi près de l'arrêter.

Plusieurs équipes de policiers entrèrent dans le cimetière du Père-Lachaise. Les derniers rayons du soleil illuminaient le ciel d'une lueur rasante et les tombes projetaient déjà leurs ombres étirées sur les pavés dans la pénombre qui tombait.
Les enquêteurs progressaient rapidement, braquant leurs torches dans toutes les directions et jetant des regards furtifs autour d'eux. Soudain, l'agent Gavras aperçut du coin de l'œil le suspect, qui venait de tourner dans une allée sur la gauche et de disparaître derrière un caveau.

- POLICE ! ARRÊTEZ-VOUS ! s'époumona-t-il, en commençant à courir dans sa direction.

Ses collègues se précipitèrent entre les tombes. Les faisceaux des torches qui s'agitaient au rythme de leurs pas illuminaient la scène par intermittence, comme des stroboscopes. Une silhouette jaillit brusquement d'un mausolée. Gavras se jeta en avant et s'agrippa au bras de l'ombre. Les deux hommes chutèrent lourdement sur une tombe, tandis que d'autres policiers accouraient en hurlant. Plusieurs d'entre eux sautèrent sur l'individu pour le maîtriser et lui passer les menottes.
Le suspect était un homme d'une quarantaine d'années, qui ne tenta pas de se débattre bien longtemps. Ses cheveux longs et bruns collaient à son front plein de sueur. Gavras remarqua des taches sombres sur son pantalon pattes d'eph' et sa veste en velours élimée. Comme sur le portrait-robot, le suspect portait une moustache chevron épaisse. L'officier Melki, essoufflé, venait de rejoindre ses équipiers et l'homme interpellé. Il poussa un grand soupir de soulagement. *Le cauchemar prenait fin.*

Moins d'une demi-heure plus tard, le suspect se retrouvait en salle d'interrogatoire au 36. Jean-Pierre Melki entreprit de l'auditionner, mais l'homme, qui répondait au nom de Patrick Moyon, niait toute implication dans les meurtres. L'entrevue s'éternisa, mais ne donna rien. Moyon était un sans-abri qui prétendait avoir fui en voyant les flics débarquer, par crainte de se faire coincer avec la drogue qu'il venait de s'acheter. On retrouva en effet trois buvards de LSD dans les poches de sa veste. Après plusieurs heures d'interrogatoire peu concluantes, Melki commença à douter. Avait-on commis une énorme méprise et interpellé le mauvais type ?

Le chef de la brigade retourna à son bureau où il décrocha son téléphone. Il avait besoin de l'aide et de l'avis de ses deux meilleurs enquêteurs, ceux qui avaient passé le plus de temps à étudier le dossier. Le téléphone de Joaquim Brauner sonna dans le vide pendant une minute. Personne. Melki laissa un message sur le répondeur. L'agent était sûrement parti chez ses parents en Normandie comme il le lui avait conseillé. Juliette Castelli répondit au bout de quatre sonneries. Bien que réveillée à 2 h du matin, la jeune femme semblait alerte et elle sauta au plus vite dans un taxi pour rejoindre les locaux de la brigade sur l'île de la Cité.

À peine arrivée, Castelli entra dans le bureau de Melki pour qu'il la mette au parfum. Il lui raconta tout, de l'agression de Sophie Chenaux, qui avait été transportée à l'hôpital dans un état grave, à la poursuite dans le cimetière du Père-Lachaise, jusqu'à l'interrogatoire laborieux de Patrick Moyon. Juliette Castelli était extrêmement excitée de savoir qu'on avait appréhendé un suspect, mais elle comprit rapidement la frustration de son patron, qui ne savait pas comment obtenir des réponses et des aveux de sa part.

Ils discutaient depuis une quinzaine de minutes quand Joaquim Brauner fit son apparition. Il semblait furieux contre lui-même d'avoir manqué l'interpellation.
– J'ai trouvé votre message en rentrant de Normandie. Je suis reparti aussitôt, j'ai fait au plus vite, mais...
– T'as pas à te justifier, Brauner. Je sais combien tu aurais aimé être là au moment de l'arrestation de l'Étrangleur. T'as manqué de chance, mon vieux, c'est tout, lui répondit Melki, qui compatissait sincèrement.

Joaquim garda les lèvres pincées et le visage grave.

– Qu'est-ce qu'il a dit ? Il a avoué ? s'enquit-il d'une voix rauque.
– C'est bien le problème, répondit le chef de la brigade. Il nie tout en bloc. Pas moyen de lui faire lâcher quoi que ce soit pour le moment. Il joue si bien à l'innocent qu'il parvient presque à me faire douter. C'est pour ça que j'ai besoin de vous. Ce tueur, vous le connaissez bien, vous avez lu toutes nos informations sur lui, il vous est presque familier... Il faut que vous m'aidiez à comprendre, à trouver l'élément sur lequel je dois mettre le doigt pour le faire craquer en audition.
– On devrait reprendre par le commencement. Que s'est-il passé ce soir ? demanda Juliette, qui débouchait le capuchon de son stylo et se tenait prête à prendre des notes sur un calepin.

Jean-Pierre Melki prit une longue inspiration et rassembla ses idées pour résumer les évènements.

– On a reçu l'appel dans la soirée, peu après 21h. Le commissariat du 20e nous a transféré une alerte qu'il venait de recevoir, de la part des voisins de mademoiselle Chenaux. Ils entendaient des cris et des bruits sourds de lutte provenant de son appartement. Étant donné le contexte, ça les a tout de suite alertés. Nous n'avons pas hésité une seconde et sommes partis là-bas en urgence, mais arrivés sur place, le tueur avait déjà filé. On a trouvé la victime laissée pour morte, inconsciente mais heureusement encore en vie. C'est à ce moment-là que plusieurs témoins, surtout les serveurs d'une terrasse toute proche, nous ont approchés pour nous signaler un homme qui s'enfuyait en courant au moment où nous sommes arrivés. Ils ont indiqué la direction qu'il avait prise et, en fouillant les environs, nous avons procédé à l'arrestation du suspect, qui tentait de se cacher au milieu du cimetière.
– Il a dû fuir le studio en entendant les sirènes qui s'approchaient, supposa Brauner. C'est probablement à vous que la victime doit la vie, chef.
– Possible... fit Melki, à qui cette idée ne déplaisait pas.

Le bureau retomba dans le silence alors que chacun des trois enquêteurs plongeait dans ses pensées. Juliette Castelli rompit soudain le silence.
– Je vais nous chercher des cafés. Je ne sais pas vous, mais je crois que j'en ai besoin pour m'éclaircir les idées avant de continuer.

Elle sortit du bureau quelques instants avant de revenir avec trois gobelets en plastique fumants, qu'elle tenait entre les manches de son pull pour éviter de se brûler. Le chef but quelques gorgées puis reprit la parole :

– Voilà où nous en sommes, conclut-il en se reculant sur le dossier de sa chaise. Même s'il continue de nier, on pourra probablement le coincer dans quelques heures grâce à ses empreintes digitales. Une équipe est déjà sur le coup. J'aurais néanmoins préféré qu'il passe aux aveux dès ce soir, avant qu'il n'ait le temps de trop réfléchir et de se trouver une défense qu'on perdra du temps à devoir vérifier.
– Vous savez, Melki, ces salauds-là, ils trouvent toujours de bonnes excuses... répondit Brauner. Vous croyez que je peux aller jeter un œil derrière le miroir sans tain ? J'ai envie de voir le visage de celui qui nous a fait courir depuis des mois.

Le chef de la brigade lui fit signe de la tête pour lui signifier qu'il pouvait y aller et Brauner quitta le bureau. Juliette Castelli intercepta Jean-Pierre Melki alors qu'il se levait également. Sa voix et ses mains tremblaient.
– Patron, est-ce que je peux vous parler un instant ?

À VOTRE AVIS, PATRICK MOYON EST-IL L'ÉTRANGLEUR D'ÉTUDIANTES ?
DE QUOI L'AGENT CASTELLI VEUT-ELLE PARLER AU CHEF DE LA BRIGADE CRIMINELLE ?

SOLUTION PAGE 86

ANNEXES

Jaurès
10, rue de Vaucouleurs
Père Lachaise
36, Quai des Orfèvres

ANNEXES

PORTRAIT-ROBOT

SCÈNE DU CRIME

« Vous me cherchez, vous croyez me traquer mais vous ne m'arrêterez pas. Vos méthodes d'enquête désuètes et vos esprits lents resteront toujours trois longueurs derrière moi.
Par trois fois déjà, j'ai tué. Je recommencerai, soyez-en certains.
Les journaux ne tarderont pas à parler de moi comme d'un fou ayant perdu toute raison, quelle ironie quand on pense que j'ai bien plus de lucidité que la plupart d'entre vous !
C'est la vie et la société qui m'ont poussé à commettre ces crimes. Ne soyez pas hypocrites, vous êtes les premiers à vous délecter de la violence et vous en redemandez !
Je ne nierai pas cependant avoir pris du plaisir au moment de lire la peur dans les yeux de mes victimes. Quand je glisse mon couteau sur la peau tiède d'une femme, que je découpe ses sous-vêtements, il y a dans son regard une supplication délicieuse à laquelle je suis dépendant. C'est pour ces brefs instants de grâce que mon cœur bat.
Autrefois, j'ai aimé et été aimé en retour. Je vivais heureux dans une petite vie minable sans ambition. Mais la fatalité de l'existence m'a rattrapé. J'ai perdu ma bien-aimée d'un cancer, et c'est alors que j'ai réalisé combien nous sommes seuls sur cette Terre sans justice.
Il n'existe aucun Dieu, mais pour ce qui est de l'Enfer... Nous sommes en plein dedans.
Jamais je ne m'arrêterai. Courez donc après moi si vous en êtes capables.
Nous verrons bien qui de nous est le plus fort à ce petit jeu. »

L'AFFAIRE

LANA CLARKSON

Le 3 février 2003, le corps de l'actrice Lana Clarkson est retrouvé dans le manoir du célèbre producteur de musique Phil Spector à Los Angeles. Elle a été tuée d'une balle tirée dans la bouche. Clarkson et Spector se sont rencontrés le soir-même à la House of Blues, établissement où travaillait l'actrice. Ils ont quitté les lieux ensemble pour se rendre au domicile de Spector en limousine.

Le chauffeur de limousine du producteur, Adriano De Souza appelle la police vers 5 h du matin, après avoir entendu un coup de feu et vu son patron sortir de la demeure, un revolver à la main. Il déclare aux secours : « Je crois que mon patron vient de tuer quelqu'un. »

Phil Spector nie toute implication dans le meurtre et déclare que Clarkson se serait suicidée. Le premier procès de Phil Spector sera annulé après des mois de procédures, le jury ne parvenant pas à prendre une décision à l'unanimité. Le second procès reconnaît Phil Spector coupable de meurtre au second degré (sans préméditation) et le condamne à quinze années d'emprisonnement le 29 mai 2009. Il meurt en prison le 16 janvier 2021.

Connu pour être « l'un des plus grands producteurs de l'histoire du rock », Phil Spector avait reconnu en interview souffrir de troubles psychiatriques importants. Il était également connu pour avoir des accès de colère fréquents et avoir déjà menacé plusieurs artistes ou femmes de son entourage avec des armes à feu.

L'AFFAIRE DU MEURTRE DE MISSY BEVERS

Le 18 avril 2016, très tôt le matin, le corps sans vie de Missy Bevers est découvert dans l'église de Creekside Midlothian (Texas).

Cette mère de famille, professeur de fitness, donnait habituellement des cours matinaux devant l'église, mais ce jour-là, la classe avait été déplacée pour se tenir à l'intérieur à cause de fortes pluies.

Ce sont les élèves du Camp Gladiator, arrivés sur place à 5 h du matin, qui découvrent leur professeur dans une mare de sang.

Étrangement, les causes de la mort de Missy Bevers ne sont pas divulguées au public. Les conclusions du rapport d'autopsie restent confidentielles et les déclarations officielles de la police mentionnent uniquement des perforations au niveau de la tête et du thorax, sans que l'on sache à quoi elles correspondent exactement.

Rapidement après la découverte du corps, les enquêteurs publient sur Internet les enregistrements des caméras de surveillance à l'intérieur de l'église. Sur ces vidéos, on peut voir un individu habillé en tenue de police intégrale (bottes, veste large, gants et casque) masquant son visage et sa silhouette, déambulant dans les couloirs du bâtiment aux alentours de 3 h 50, soit à peine une demi-heure avant l'arrivée de Missy Bevers. Le suspect semble tenir un marteau, outil qui est probablement l'arme du crime.

Un autre enregistrement sera publié par la suite : il s'agit des vidéos de surveillance du parking d'un commerce situé en face de l'église, prises quelques heures avant le meurtre. On y voit une voiture, dont le conducteur a un comportement très étrange, faire un tour puis se garer quelques instants avant de repartir. Le véhicule n'a jamais pu être identifié.

Les premiers soupçons des enquêteurs et du public se tourneront vers le mari de Missy Bevers, Brandon. En effet, des rumeurs font état de difficultés financières et conjugales dans le couple. Certains évoquent même de possibles infidélités de la part de Missy Bevers.

Le mari jaloux aurait-il assassiné sa femme ? Cette hypothèse sera balayée par la police, laquelle confirme l'alibi de Brandon Bevers, qui se trouvait dans un autre État la nuit du meurtre. Ce sera ensuite au tour de Randy Bevers, le père de Brandon et beau-père de Missy, d'être pointé du doigt par les internautes à cause de sa carrure et de sa démarche très similaires à celle du suspect filmé par les caméras. Mais encore une fois, ce dernier a un alibi trop solide pour être inculpé par la police.

Aujourd'hui encore, l'affaire reste irrésolue. De nombreuses théories circulent sur l'identité du meurtrier. S'agit-il d'un amant de Missy Bevers, voire d'une épouse jalouse ? D'autres évoquent même une affaire volontairement étouffée par la police pour protéger l'un des leurs.

Cette histoire criminelle a fait couler beaucoup d'encre et agite toujours les forums en ligne, où de nombreux détectives amateurs mènent l'enquête et rendent compte de leurs théories. Brandon Bevers, veuf et père de trois filles, a publié un message en ligne pour exprimer sa colère face à l'intrusion des internautes dans sa vie privée et au manque de respect auquel lui et sa famille doivent faire face depuis l'assassinat de sa femme.

QUIZ

7/ Andrew Cunanan est surtout connu pour avoir assassiné Gianni Versace devant son portail en 1997. Mais avant ce meurtre, combien avait-il fait d'autres victimes ?

- 2
- 4
- 6

8/ Lorsqu'il n'attirait pas des jeunes hommes chez lui pour les tuer, ce criminel avait une autre passion : se déguiser en clown. Comment s'appelle-t-il ?

- David Berkowitz
- John Wayne Gacy
- Donald Harvey

9/ De nombreuses rumeurs françaises évoquent de terrifiantes « bêtes », cependant, laquelle de ces légendes n'existe pas ?

- la bête du Gévaudan
- la bête des Vosges
- la bête des Alpes

10/ Dans quelle zone le *Batavia* a-t-il fait naufrage, donnant lieu ensuite à de terribles affrontements entre les survivants ?

- dans un archipel du triangle des Bermudes
- dans un archipel près des côtes australiennes
- dans un archipel près des côtes indiennes

11/ Quel jeu télévisé le tueur en série Rodney Alcala a-t-il remporté ?

- *The Dating Game* (un équivalent de notre « Tournez manège »)
- *Spin the Wheel* (la Roue de la fortune)
- *Let's Make a Deal* (le Bigdil)

12/ En quoi transformait Leonarda Cianciulli les corps de ses victimes ?

- en vêtements
- en tourtes à la viande
- en savons

13/ Quel symbole le tueur en série Richard Ramirez a-t-il laissé sur plusieurs scènes de crime ?

- ses initiales
- un pentacle satanique
- une tête de mort

ANAGRAMMES

4) ------ ------
BSINEV DRAEKRI

5) --- -----
DEY TUBDN

6) ------- -------
DRIRHZA MACRERI

7) ------- ------
SNAMLOR HANSEC

8) -- ------
RE DEPKEM

9) ------- ------
FEMRJAR EHEFYD

10) ----- --- -----
ESRLE HNA CYLEU

QUIZ

14/ Guy Georges est un tueur en série célèbre pour ses crimes commis dans :

- le centre-ville marseillais
- l'Est parisien
- la banlieue lyonnaise

15/ Alexandre Pitchouchkine est un tueur en série russe auquel on a attribué le surnom de « tueur à l'échiquier » parce qu'il :

- était un joueur d'échecs célèbre
- planifiait de tuer autant de personnes qu'il y a de cases sur un échiquier (64)
- laissait une pièce d'échecs à côté de ses victimes

16/ Au XIXe siècle, la morgue de Paris était un endroit :

- extrêmement populaire et visité
- totalement interdit au public
- elle n'existait pas encore

17/ Elmyr de Hory a eu une vie criminelle trépidante. Pour quoi est-il particulièrement connu ?

- il a réussi à arnaquer un homme d'affaires en lui vendant la tour Eiffel
- il est considéré comme le plus grand faussaire du XXe siècle
- il a commandité le casse de la Société générale de Nice en 1976

18/ Quel élément de preuve surprenant a été présenté lors du procès de Omar Raddad ?

- une table avec des traces de brûlures sur la surface
- un morceau de mur dans lequel une balle s'était enfoncée
- une porte sur laquelle il y avait une inscription en lettres de sang

19/ Avec quelle arme les parents de Lizzie Borden ont-ils été assassinés ?

- une hache
- une arme à feu
- du poison

Placez ces différents éléments dans le bon ordre sur la frise chronologique

A Affaire Dominici : meurtres de Jack, Anne et Elizabeth Drummond à Lurs

B Affaire Omar Raddad : meurtre de Ghislaine Marchal

C Edmond Locard fonde le premier laboratoire de police scientifique à Lyon

8

27 septembre 2019

L'ASSASSINAT DE NORIO SASAKI

Les amis de la famille Sasaki s'inquiétaient. Depuis la veille, ni Norio, ni sa fille Élisa ne répondaient aux appels et aux messages qu'ils recevaient sur leurs différents réseaux sociaux. Gérant d'une épicerie bio, Norio Sasaki avait, d'après le patron du bar voisin, quitté son commerce vers 20 h comme à son habitude et, depuis, ni le père ni la fille n'avait donné signe de vie. Cela ne leur ressemblait vraiment pas, surtout pour la jeune Élisa Sasaki, qui partageait normalement beaucoup de contenu avec ses très nombreux abonnés. Depuis deux ans maintenant, l'adolescente avait commencé à jouer à des jeux en ligne, diffusant ses performances et ses avis en direct à une communauté qui avait très vite grandi, jusqu'à atteindre près d'un million d'abonnés. Il ne se passait habituellement pas plus de deux heures sans qu'elle ne poste une photo ou un message en ligne.

Très vite, les fans d'Élisa avaient inondé Internet de leurs inquiétudes. Leur idole allait-elle bien ? Dans le même temps, plusieurs proches des Sasaki avaient tenté d'appeler Norio et sa fille, sans obtenir de réponse. Pire encore, Norio n'avait pas ouvert sa boutique ce matin, et Élisa n'était pas allée en cours. Anxieux qu'il soit arrivé quelque chose de grave, les amis des Sasaki décidèrent de contacter le commissariat de Bayonne pour signaler leur potentielle disparition.

Dans l'après-midi, le commissaire Cédric Assolo, accompagné de l'enquêteur Rémy Grimaud, arrivèrent au domicile des Sasaki. Comme ils le craignaient, personne ne répondit lorsqu'ils sonnèrent à la porte d'entrée. Faisant le tour de la maison, les deux policiers guettèrent par les fenêtres du rez-de-chaussée, sans remarquer quoi que ce soit d'inhabituel. La voiture de Norio Sasaki était quant à elle garée dans l'allée menant au garage. Élisa étant encore mineure - elle n'avait que 17 ans -, il avait été facile pour les policiers d'obtenir un mandat qui leur permettait d'entrer dans la maison à la recherche des Sasaki ou d'un indice sur cette disparition.

Assolo et Grimaud firent une inspection rapide du rez-de-chaussée. Il n'y avait rien à signaler. Ils montèrent prudemment au premier étage, appelant régulièrement les noms de Norio et d'Élisa. Aucune voix ne leur répondit. C'est l'enquêteur Grimaud qui fit la terrible découverte. Norio Sasaki était étendu sur son lit, la tête tournée vers le matelas imbibé de sang. Une grosse plaie à l'arrière du crâne indiquait qu'on lui avait tiré dessus, probablement dans son sommeil.

Élisa était introuvable. Dans sa chambre, aucun signe de lutte. Sous son lit, un chat silencieux s'était prostré, visiblement apeuré. Le commissaire Assolo, qui s'était penché pour regarder, tendit la main dans sa direction, mais le chat se contenta de le fixer de ses grands yeux ronds, les pupilles dilatées. La maison prit immédiatement le statut de scène de crime. On étira de grandes bandes plastifiées au niveau du portail pour éviter que les curieux ne tentent de s'approcher et risquent de contaminer les lieux. Plusieurs équipes de techniciens de scène de crime passèrent toute la maison des Sasaki au peigne fin : prélèvements ADN et recherche d'empreintes digitales, projection de luminol, saisie de tous les appareils électroniques et disques durs.

Personne ne savait où était passée la jeune Élisa Sasaki. Avait-elle été kidnappée ? S'était-elle enfuie ? Il fallait réagir au plus vite. Cédric Assolo inspecta sa chambre avec minutie. À ses côtés, l'enquêteur Rémy Grimaud prenait des notes sur un calepin à ressorts. Ils examinèrent le gros panneau de liège sur lequel l'adolescente avait punaisé des photos. Sur la plupart d'entre elles, elle posait souriante dans divers contextes : avec des amis, bières à la main, lors d'un tournoi de jeux vidéo à Paris, à Londres devant Big Ben, sur une plage dans un lieu ressemblant à l'Indonésie, etc.

– On dirait que cette jeune fille voyage beaucoup... As-tu vu un bagage qui pourrait lui appartenir, quelque part dans la maison ? Regarde, sur ces deux photos, on la voit avec une valise rose et violette, observa Assolo.

– Non, ça ne me dit rien... répondit Grimaud.

Ils s'adressèrent des regards circonspects. Élisa Sasaki avait-elle quitté la maison volontairement ?

Le témoignage crucial d'un voisin vint appuyer cette théorie. Alors qu'il regardait la télévision dans son salon à une heure tardive, il avait aperçu une voiture qu'il ne connaissait pas partir en trombe dans la rue. Cette voiture, il l'avait déjà vue un peu plus tôt dans la soirée, garée devant le domicile des Sasaki. Malheureusement, il n'avait pas pensé à noter sa plaque et ne put qu'en donner une vague description : une berline de couleur sombre.

Très rapidement après ces premières découvertes, un avis de recherche fut publié par le commissariat, relayé en masse par les médias et sur les réseaux sociaux.

Les informaticiens du service n'eurent aucun mal à déverrouiller l'accès à l'ordinateur portable de la jeune fille. Vers 22 h, Cédric Assolo ouvrit l'appareil et commença à consulter son contenu. Rapidement, il s'intéressa plus particulièrement aux conversations que contenait la messagerie privée d'Élisa. Elle semblait avoir beaucoup échangé avec plusieurs de ses proches au cours de la dernière semaine, notamment avec une jeune fille dénommée Morgane.

Cela faisait près d'un an que les deux adolescentes avaient commencé à correspondre. Morgane était visiblement une grande fan d'Élisa, et rapidement une amitié était née entre elles. Une amitié qui avait commencé à se transformer en romance ces derniers mois, selon ce que pouvait lire le commissaire, en survolant la conversation. Élisa Sasaki se confiait beaucoup à sa petite amie virtuelle. Elle évoquait sa vie de lycéenne, ses craintes, sa fatigue due au rythme soutenu que lui imposait son activité en ligne en parallèle de ses études. Soudain, quelque chose attira l'attention du commissaire. C'était un selfie, envoyé par Élisa, sur lequel la jeune fille semblait envoyer un baiser à la caméra. Mais ce qui intéressait surtout Assolo, c'était les marques qu'on apercevait sur ses bras. On distinguait nettement plusieurs ecchymoses.

Visiblement, ce détail n'avait pas non plus échappé à Morgane :

morgane

Morgane : trop belle chérie 😍
Morgane : par contre c bien ce que jpense sur tes bras là ? Qui t'a fait ça ? C'est encore ton père ? 😣
Élisa : merci mon bébé 😍 😍 😍 😍
Élisa : pffff on c encore disputés
Élisa : j'ai trop hâte de prendre mon appart pour plus vivre avec lui
Morgane : Mais il est sérieux ?! g tellement la haine, quel connard. Un jour on lui fera payer 😵
Élisa : tkt bae. G l'habitude 😢 et bientôt je serai liiiibre 😁

Les messages dataient du mois de juin. Cédric Assolo fit défiler la conversation jusqu'en bas pour lire les derniers échanges entre les deux jeunes filles. Ils dataient du 26 septembre, jour de la disparition supposée d'Élisa.
Cédric Assolo nota immédiatement l'information sur un post-it. « Arrêt Morillon ». Il fallait trouver à quel lieu et quel transport cela correspondait au plus vite.

élisa

Élisa : Trop hâte d'être dans tes bras 😍
Je pense qu'à ça depuis hier.
Élisa : G même pas dormi de la nuit lol
Morgane : moi aussiii 😢 😍
Morgane : jpense qu'à ce soir
Morgane : Tu arrives à 19 h 57 c ça ?
Élisa : oui à l'arrêt Morillon comme tu m'a dis
Morgane : parfait !!! je serai là 😁 à ce soir mon cœur

Élisa avait visiblement prévu de quitter son domicile, elle n'avait probablement pas été enlevée. Mais qui se cachait derrière le profil de Morgane ? S'agissait-il réellement de la jeune fille rousse qui souriait sur sa photo de profil ? Le commissaire avait appris à se méfier des apparences, surtout sur Internet.

Après avoir chargé Rémy Grimaud de chercher à quoi correspondait l'arrêt Morillon, Assolo ferma la conversation avec Morgane et s'intéressa aux autres échanges dans la messagerie d'Élisa Sasaki.
Elle contenait énormément de messages. Beaucoup provenaient de fans qui envoyaient de jolis textes pleins d'encouragements à l'adresse de la jeune fille, mais d'autres n'étaient pas aussi positifs. Cédric Assolo fut décontenancé en ouvrant certains messages. Il fut même horrifié de voir le nombre de messages d'insultes, de harcèlement, de propos et d'images à caractère sexuel, et même de menaces que pouvait recevoir quotidiennement l'adolescente. Un internaute au pseudo évocateur était particulièrement virulent. Il avait envoyé 82 messages :

the bloody demon

TheBloodyDemon: arrête le gaming pauvre meuf
TheBloodyDemon : tu fais pitié franchement
TheBloodyDemon : tu mérites de crever 😅
TheBloodyDemon : pourquoi tu ouvres pas mes messages ?
TheBloodyDemon : Jsuis sûr que t'es en train de chialer parce que t'es moche
TheBloodyDemon : vieille meuf va
TheBloodyDemon : jte jure que si jte croise dans la rue je te refais la tronche
TheBloodyDemon : c'est vrai que t'habites Bayonne ?
TheBloodyDemon : Je vais trouver ton adresse et jte jure que je vais venir te faire regretter d'être née
TheBloodyDemon : tu mérites de mourir sale chienne

Le commissaire était sidéré. Comment une personne pouvait autant détester une lycéenne qui jouait à des jeux sur Internet ? Qu'est-ce qui pouvait motiver autant de violence ? Il nota sur des post-it les pseudos des internautes les plus agressifs qu'il trouvait. Ça vaudrait sans doute le coup de les transmettre au service informatique pour tenter de remonter jusqu'à leurs adresses IP. Et si l'assassin de Norio Sasaki se trouvait parmi tous ces *haters* ?

Dans la liste qu'il faisait défiler, Assolo repéra le nom de Ben Sasaki, le grand frère d'Élisa.
Selon les proches de la famille, Benjamin avait quitté son père et sa sœur pour s'installer en Suisse lorsqu'il avait eu 18 ans. Il ne revenait à Bayonne qu'une fois par an, pour Noël. Âgé de 26 ans, Ben Sasaki avait eu le temps de connaître sa mère bien plus longtemps qu'Élisa, avant qu'elle n'abandonne ses enfants pour partir refaire sa vie à l'autre bout de la Terre. Les enquêteurs tentaient actuellement de le joindre pour lui annoncer la terrible nouvelle.

Cédric Assolo ouvrit la conversation entre l'adolescente et son grand frère. Leur dernier échange remontait à une semaine. Remy Grimaud interrompit la lecture de son supérieur.

– Chef, désolé de vous déranger mais j'ai trouvé des informations vraiment intéressantes ! Regardez… l'arrêt Morillon est ici, fit l'enquêteur en désignant du doigt l'emplacement sur une carte qu'il avait imprimée. C'est un arrêt de bus sur la départementale, tout près d'Urrugne. Seules deux lignes desservent cet arrêt, j'ai contacté la compagnie des transports et j'ai

ben

Élisa : Coucou toi ! Comment ça va ? Tu me manques !
Ben : Hello 😊 Ca va, j'ai beaucoup de taf en ce moment, et toi ? C'est comment l'ambiance à la maison ? Au fait, félicitations pour ton interview !
Élisa : Oh merci 😳
Élisa : Pour être honnête c'est pas la joie. On arrête pas de se prendre la tête avec papa. Il veut pas comprendre que c'est du boulot tout ce que jfais… Pi tu sais ce que ça donne quand tu essayes de lui tenir tête 😔
Ben : Il a recommencé ?
Ben : Liz tu dois me le dire s'il a recommencé!
Élisa : Non, t'inquiète. On s'est juste engueulés.
Ben : Tu sais que tu peux me parler hein ? Je suis là pour toi.
Élisa : Je sais Ben. Et toi, pense à donner de tes nouvelles de temps en temps. Ça me ferait plaisir… On ferait semblant d'être une famille un peu soudée pour une fois.

pu parler avec un conducteur d'autobus. Je lui ai envoyé une photo d'Élisa Sasaki et il est certain de l'avoir vue monter dans son bus hier soir. Il m'a aussi spontanément décrit son bagage : une valise rose et violette. Selon lui, il était environ 19h. Ça semble vraiment coller avec les messages que vous avez découverts.

– Alors, elle aurait réellement rejoint sa petite amie Morgane là-bas ? réfléchit Assolo tout en fronçant les sourcils. Et surtout...
– Eh oui ! De là, elles ont pu continuer pour passer en Espagne, compléta Grimaud qui avait pensé la même chose.
– On demande immédiatement une réquisition pour les caméras de surveillance à bord de ce bus. Il nous faut la confirmation qu'elle est bien descendue à cet arrêt, ainsi que l'heure. Avec un peu de chance, on pourra aussi apercevoir qui l'attendait là-bas ! s'exclama le commissaire Assolo.
- Pas de soucis boss, je m'en charge tout de suite ! répondit Grimaud, qui bondit en direction du couloir.

Cédric Assolo le rattrapa de justesse :

– Un instant, Rémy. Je viens de penser à quelque chose, mais j'aurais besoin de ton avis. Je crois qu'il faut qu'on lance vite un avis de recherche en interne pour une autre personne.

À votre avis, qui a assassiné Norio Sasaki ?

SOLUTION
PAGE 88

ANNEXES

BEN

MORGANE

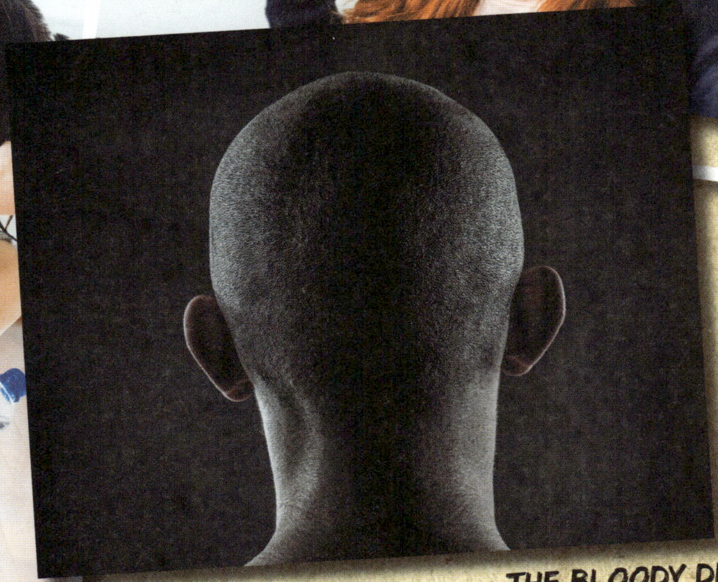

THE BLOODY DEMON

ÉLISA

APPEL A TÉMOINS
DISPARITION INQUIÉTANTE D'UNE PERSONNE MINEURE

ÉLISA SASAKI
Disparue de Bayonne (64) depuis le 26 septembre 2019

Âge : 17 ans
Cheveux : longs, lisses, noirs
Yeux : marron
Taille : 1,70 m
Corpulence : mince

Divers : Piercings aux oreilles et au nez

L'AFFAIRE

DES MEURTRES DU LAC BODOM

Peu connus en France, les meurtres du lac Bodom font pourtant partie des affaires criminelles les plus célèbres en Finlande.

Le 5 juin 1960, vers 11 heures du matin, quatre adolescents qui campaient sur les berges du lac Bodom près d'Espoo sont retrouvés par un joggeur. Tous ont été sauvagement attaqués au couteau et à la faucille. Trois d'entre eux (Maila Björklund, Anja Mäki, Seppo Boisman) sont décédés sur place, tandis que le quatrième (Nils Gustafsson), grièvement blessé, souffre d'une commotion cérébrale et de fractures à la mâchoire et au visage.

L'étude de la scène de crime apporte beaucoup d'informations mais aussi d'éléments troublants pour les enquêteurs : le tueur a visiblement attaqué les campeurs depuis l'extérieur de la tente, en lacérant largement la toile avec un couteau ou une sorte de hache. L'arme du crime ne sera jamais retrouvée. D'autres objets, appartenant aux victimes, ont également disparu, comme les portefeuilles ou certains vêtements.

Il est établi, après l'étude des empreintes, que le tueur portait les chaussures de Gustafsson au moment des meurtres. Elles seront retrouvées cachées dans un buisson à 500 mètres de la scène de crime.

De plus, Maila Björklund, la petite amie de Nils Gustafsson, a été retrouvée partiellement déshabillée et elle a reçu significativement plus de coups que les autres victimes.
Elle a visiblement été poignardée à de nombreuses reprises après sa mort.

Malheureusement, lorsque Nils Gustafsson se réveille à l'hôpital, il n'a plus aucun souvenir de l'attaque. Plus tard, il accepte d'être interrogé sous hypnose pour tenter de revivre la nuit des meurtres, et ses descriptions permettent d'établir un portrait-robot du suspect.

Plusieurs suspects seront évoqués. Peinti Soininen, un psychopathe, avoue les meurtres en prison peu avant de se suicider. La piste n'a jamais été réellement prise au sérieux par les enquêteurs.

Valdemar Gyllström, un kiosquier connu pour détester les campeurs, aurait avoué les meurtres à l'un de ses voisins un soir d'ivresse avant de se suicider en se noyant dans le lac Bodom. Enfin, plusieurs personnes pensent que le tueur pourrait être Hans Assman. Physiquement ressemblant à la description du suspect, il s'était présenté le lendemain des meurtres dans un hôpital d'Helsinki dans un état de grande confusion, avec des traces de sang et de terre sur ses vêtements.

Néanmoins, aucun des nombreux suspects dans cette affaire n'a été arrêté.

En 2004, près de 44 ans après les faits, Nils Gustafsson est arrêté et inculpé pour les meurtres du lac Bodom. Selon l'hypothèse de l'accusation, il aurait été pris d'une crise de jalousie concernant sa petite amie Maila, qu'il aurait assassinée avant d'éliminer les deux autres adolescents témoins de la scène. L'accusation s'appuie également sur le fait qu'aucun ADN autre que ceux des quatre campeurs n'a pu être relevé sur les éléments de la scène de crime. La défense soutiendra le fait qu'il était impossible pour Gustafsson de s'infliger lui-même les blessures qu'il présentait lorsqu'on l'a retrouvé. Nils Gustafsson est finalement acquitté le 7 octobre 2005 et l'État finlandais est condamné à lui verser 44 900 euros de dommages pour le préjudice moral et son emprisonnement en période préventive.

Soixante ans après le drame, l'affaire n'est toujours pas résolue.

L'AFFAIRE

De la tuerie de Nantes

- Début avril 2011, toute la famille Dupont de Ligonnès (les parents Xavier et Agnès ainsi que les quatre enfants, Arthur, Thomas, Anne et Benoît) disparaît mystérieusement.
- Les proches de la famille sont alertés lorsqu'ils reçoivent un étrange e-mail, signé du nom de Xavier Dupont de Ligonnès, dans lequel il évoque un départ précipité sous prétexte d'une exfiltration aux États-Unis et un changement d'identité dans le cadre du programme de protection des témoins.
- Le 21 avril 2011, les corps d'Agnès et des quatre enfants sont retrouvés, enterrés sous la terrasse de la maison.
- L'autopsie révèle que les victimes ont été droguées avec des somnifères puis abattues à bout portant dans leur sommeil avec une carabine 22 Long Rifle, modèle que possédait Xavier Dupont de Ligonnès.
- Ce dernier est aperçu et filmé par des caméras de surveillance françaises jusqu'au 15 avril, lorsque sa trace est perdue à Roquebrune-sur-Argens (Var).
- La plupart des éléments de l'enquête connus à ce jour laissent entrevoir une grande préparation de Xavier Dupont de Ligonnès quant à sa cavale.

Aujourd'hui encore, l'affaire n'est pas élucidée et Xavier Dupont de Ligonnès est mondialement recherché, sans que l'on sache s'il est encore en vie.

L'AFFAIRE

De la disparition de la famille Godard

- Le 1er septembre 1999, le docteur Yves Godard et ses deux enfants, Camille et Marius, partent en mer pour une petite croisière de quelques jours à bord d'un voilier de location dénommé le *Nick*.
- Cinq jours plus tard, la famille et le bateau ne sont pas de retour à Saint-Malo, contrairement à ce qui était prévu. L'annexe du voilier est retrouvée, vide, à la dérive au large de l'île de Batz.
- Les autorités croient d'abord à un accident, mais la perquisition du véhicule d'Yves Godard, sur le parking du port de Saint-Malo, fait alors basculer l'enquête : d'importantes traces de sang, ainsi que de la morphine, sont retrouvées à l'intérieur.
- Au domicile des Godard, près de Caen, on découvre également d'importantes traces de sang, sur le matelas de la chambre parentale et aux murs.
- Ce sang est celui de Marie-France Godard, femme du docteur et mère des deux enfants. Elle est en fait portée disparue depuis le 31 août 1999, personne ne l'ayant vue en vie depuis cette date.
- Au fil des semaines qui suivront, puis des mois, divers objets appartenant à la famille Godard et au voilier seront repêchés dans la baie de Saint-Brieuc, sans qu'on ne retrouve l'épave du Nick ou les corps des Godard.
- Le 6 juin 2000, un crâne d'enfant est repêché près d'Erquy. Il s'agit de celui de Camille Godard, 6 ans.
- Le 13 Novembre 2006, un fémur et un tibia appartenant au docteur Yves Godard sont retrouvés au fond de la fosse des Casquets.
- Les corps de Marie-France Godard, et du petit Marius (4 ans) n'ont jamais été retrouvés.
- De nombreuses théories entourent cette affaire, allant du meurtre intra-familial à un règlement de compte mafieux.

9

18 septembre 2017

La mort de Leïla Zitoun

« Mesdames, messieurs, bonjour, C'est un terrible drame qui s'est déroulé dans la nuit de samedi. Alors qu'elle participait à une soirée chez des amis, une jeune femme âgée de 19 ans a trouvé la mort après qu'elle est tombée du 15e étage d'un appartement d'une des tours Labourette à Marseille. Selon les premiers éléments de l'enquête, la jeune femme avait posté des vidéos sur l'application Snapchat tout juste quelques instants avant de basculer dans le vide. Dans ces vidéos, elle était visiblement en état d'ébriété et elle mentionnait une dispute avec ses amis. Accident, suicide ou homicide ? C'est ce que l'enquête devra révéler. Passons ensuite au sport, puisque c'est ce soir qu'aura lieu la rencontre très attendue entre... »

Le lieutenant Tristan Rivière baissa le son de sa radio en arrivant devant le commissariat du 1er arrondissement. Il gara sa Clio boulevard Garibaldi avant de rejoindre l'entrée principale du bâtiment. Aujourd'hui, il devait prendre la déposition de Teddy Moussaoui concernant la mort de la jeune Leïla Zitoun.

Tristan salua ses collègues, puis décapsula une canette de soda qu'il but tout en relisant le dossier de l'affaire.

La bande de copains s'était retrouvée le soir du samedi 16 septembre au domicile d'Éva Gadhavi aux alentours de 22 h, après avoir débuté la soirée dans un bar. Les parents de la jeune femme étaient absents et ils étaient cinq dans l'appartement : Éva Gadhavi, l'hôte, Leïla Zitoun, Teddy Moussaoui, Medhi Costa et Emma Poncet. Ils avaient continué à boire des bières et à discuter, quand une dispute avait visiblement éclaté entre Leïla et les autres filles. La jeune femme avait d'ailleurs publié plusieurs vidéos sur son compte Snapchat, prises à l'insu de ses amis, dans lesquelles on entendait des bribes du conflit. Elle s'était également filmée alors qu'elle était enfermée aux toilettes et déclarait en larmes qu'elle « était à bout, qu'elle voulait rentrer chez elle » mais « qu'ils avaient fermé la porte à clé pour l'empêcher de partir ». Une dizaine de minutes après cette dernière vidéo postée, Teddy Moussaoui appelait les pompiers, complètement paniqué : selon lui, Leïla avait fait une chute du balcon. Sur place, malheureusement, les secours n'avaient rien pu faire pour sauver la jeune femme. Elle était décédée sur le coup.

– Tristan, fit la policière qui s'occupait de l'accueil, Teddy Moussaoui est là. Il t'attend dans la salle d'audition.
– Merci Laurine, j'arrive !

Le lieutenant Rivière finit sa canette d'une traite et emporta le dossier cartonné sous son bras. Il s'installa de l'autre côté du bureau, en face du jeune Teddy Moussaoui, et se présenta tout en allumant l'ordinateur.
– Monsieur Moussaoui, je suis le lieutenant Tristan Rivière. C'est moi qui vais prendre votre déposition aujourd'hui. Vous vous sentez prêt ? Vous voulez quelque chose à boire ?
– Non… ça va, merci, répondit timidement le jeune homme. Il avait la tête rentrée dans les épaules, les deux mains jointes entre ses cuisses. Il semblait stressé.
– Bon. Aujourd'hui je vais vous demander de me raconter tout ce qui s'est passé samedi soir, tout ce dont vous vous souvenez. C'est vraiment important pour qu'on puisse comprendre comment les évènements se sont déroulés. Je sais que ça peut vous paraître impressionnant, j'imagine aussi que vous êtes très choqué par ce qui s'est passé. Sachez que je ne suis pas là pour vous juger, d'accord ? J'ai simplement envie d'en savoir plus et, pour ça, j'ai besoin de votre aide et de votre honnêteté.

Teddy Moussaoui hocha la tête tout en évitant de croiser le regard du policier.

– Commençons par le début : vous vous êtes rendus chez Éva Gadhavi après avoir pris plusieurs verres au *Café Marius*, c'est bien ça ?
– Oui… répondit laconiquement le jeune homme.
– Il va falloir que vous me donniez plus de précisions, monsieur Moussaoui, indiqua Tristan avec un ton ferme qui se voulait tout de même encourageant.
– Bah… Les darons d'Éva étaient partis pour le week-end, alors on s'est dit que ça serait cool de profiter de l'appartement pour faire une soirée ensemble. On a acheté quelques bouteilles chez l'épicier et on est montés.

Tristan tapait sur son clavier, tout en posant des questions à Teddy. Il savait qu'il ne fallait surtout pas brusquer le jeune homme s'il voulait en apprendre un peu plus sur le déroulement de la soirée.

– OK, et à ce moment-là, Leïla Zitoun vous accompagnait déjà ?
– Oui, elle était avec nous depuis le début de la soirée. Elle était motivée pour nous accompagner, on ne l'a pas forcée, hein… précisa le jeune homme.
– Donc avant d'arriver à l'appartement, tout le monde était de bonne humeur, c'est bien ça ? Il n'y avait pas de tensions entre vous ?
– Non, monsieur. Je ne pense pas qu'Éva l'aurait fait monter si elles s'étaient disputées au bar. Moi en tout cas, je n'ai rien remarqué.
– Alors que s'est-il passé au cours de la soirée ? Leïla Zitoun a publié plusieurs vidéos en ligne dans lesquelles on entend que le ton n'était plus à la rigolade.

Teddy Moussaoui poussa un long soupir et leva un regard plein d'incompréhension vers le lieutenant.

– Franchement, monsieur... Même moi je ne sais pas d'où c'est parti. On était en train de discuter dans la cuisine avec Medhi quand on a entendu le ton monter dans le salon. On a direct rappliqué pour voir ce qui se passait et les filles étaient en train de se crier dessus. Leïla... Elle reprochait aux filles de la mettre à l'écart, comme d'habitude... Mais elle se faisait des idées, je vous assure.
– C'était fréquent ce genre de dispute dans votre groupe ? demanda Rivière.
– Bah... ouais, quand même. Enfin, disons qu'il y avait déjà eu quelques clashs mais sinon, en général, on devait souvent rassurer Leïla parce qu'elle pensait qu'on la kiffait pas trop. Mais c'était faux, hein ! On n'a jamais fait les bâtards avec elle. On se vannait, c'est vrai, mais c'était pas méchant.
– Je vois, fit Tristan Rivière. J'aimerais comprendre ce qui s'est passé ensuite. Comment Leïla s'est retrouvée sur le balcon... Qui était avec elle à ce moment-là ? N'a-t-elle pas chercher à rentrer chez elle, après cette dispute ?

Teddy Moussaoui se recula sur sa chaise et passa ses mains sur son visage pour réfléchir.

– En fait, avec Medhi, on a tenté de calmer le jeu entre les meufs. Lui a pris Éva et Emma d'un côté, et moi j'ai discuté un peu avec Leïla. Mais le truc, c'est qu'elle était dans tous ses états. Elle pleurait beaucoup, elle ne voulait rien entendre... Elle a dit qu'elle voulait rentrer, c'est vrai, mais elle n'était pas du tout en état de marcher jusque chez elle. Alors je lui ai proposé de la raccompagner à pied, mais elle n'a pas voulu. Elle est allée aux toilettes, peut-être pour se faire vomir, ça lui arrivait souvent de se rendre malade comme ça... En tout cas, elle y est restée un moment. Quand elle est ressortie, elle m'a dit qu'elle avait besoin de rester un moment seule et elle m'a demandé une clope pour se calmer. Alors je lui en ai donné une et je l'ai laissée tranquille. Je suis retourné voir les autres, qui étaient dans la cuisine. Je n'aurais jamais imaginé... Et puis d'un coup, on l'a entendue crier, on a couru jusqu'au balcon et c'est là qu'on l'a vue, en bas...

La voix du jeune homme se brisa sous l'émotion. Tristan Rivière laissa passer quelques secondes pour lui laisser le temps de se ressaisir puis il demanda :
– Donc si je comprends bien, selon vous, Leïla Zitoun était seule sur le balcon lorsqu'elle est tombée ? Vous étiez en présence d'Éva, Emma et Mehdi, tous les quatre dans la cuisine à ce moment-là ? Vous en êtes bien sûr ?
– Oui monsieur, affirma Moussaoui avec conviction.
– Les voisins présents dans l'appartement en dessous de celui d'Éva disent avoir entendu une voix féminine, probablement celle de Leïla, crier à l'aide quelques secondes avant qu'elle ne bascule dans le vide. Je me demande vraiment pourquoi... Êtes-vous certain qu'elle était seule ? Vous êtes conscient, monsieur Moussaoui, que me mentir, même si c'est pour protéger un de vos amis, serait extrêmement grave et pourrait vous coûter très cher, n'est-ce pas ?
– Lieutenant, je vous jure sur la vie de mes parents que nous étions tous ensemble dans la cuisine. Personne ne l'a poussée, et je ne sais vraiment pas pourquoi elle a crié à l'aide. J'entends encore sa voix à ce moment-là, je crois que ça me suivra toute ma vie...

Le lieutenant Rivière posa encore quelques questions au jeune homme avant de le laisser repartir.

Après avoir raccompagné le jeune homme à la sortie, Tristan resta pensif de longues minutes. La déposition de Teddy Moussaoui était semblable en tout point à celles des autres jeunes gens présents dans l'appartement ce soir-là. Pourtant, quelque chose ne collait pas entre leurs récits et les cris entendus par les voisins juste avant la chute de Leïla Zitoun... L'enquêteur reprit une nouvelle fois le dossier pour le relire, quand subitement, la solution lui apparut. Il ne lui restait plus qu'à en faire part à ses collègues et à son chef...

ACCIDENT, SUICIDE, MEURTRE MAQUILLÉ ? QUE S'EST-IL PASSÉ SELON VOUS ?

SOLUTION PAGE 90

Retranscription des stories postées en ligne par Leïla Zitoun le 16 septembre 2017

20 h 12 : photo de cinq verres levés avec le texte suivant : « après l'effort, le réconfort ! »

23 h 06 : vidéo du sol de l'appartement des Gadhavi, probablement parce que Leïla tenait son téléphone de cette façon pour que ses amis ne se rendent pas compte qu'elle était en train de filmer. On entend une dispute :

> [voix de Leïla] : Allez-y, dites-le si vous voulez que je me casse, je sais que vous préférez être entre vous, sans moi !
> [voix d'Éva] : Mais meuf on n'a jamais dit ça en fait, t'es en train de chercher les embrouilles comme d'hab' et tu te montes la tête alors qu'on s'enjaille au calme.
> [voix de Leïla] : Bah justement, moi je m'enjaille pas trop en fait, personne me calcule, vous faites vos bails, vous parlez entre vous et je m'en prends plein la gueule si j'ose le faire remarquer ?
> [voix d'Emma] : Comment ça on te parle pas, c'est toi qui restes sur ton téléphone tout le temps au lieu de faire des efforts pour t'intégrer ! À un moment on est censées faire quoi ?
> [voix de Leïla] (pleurs) : Allez, c'est encore ma faute, bien sûr...

23 h 12 : vidéo de Leïla, enfermée dans les toilettes, en larmes : Voilà, ça c'est une soirée entre « amis » (elle fait le signe des guillemets pour le mot « amis »), vous trouvez ça normal vous ? Franchement j'en ai marre, je veux rentrer chez moi mais ils refusent de me laisser partir, ils ont fermé la porte à clé... Je me sens pas en sécurité du tout ici, ils me veulent du mal. Aidez-moi...

CONTENU DU SAC À MAIN DE LEÏLA ZITOUN, RETROUVÉ À L'APPARTEMENT D'ÉVA GADHAVI

- un porte-monnaie,
- un gloss à lèvres,
- un briquet,
- un paquet de mouchoirs,
- un porte-clés avec un dauphin en peluche,
- une boîte de Seroplex 15 mg (antidépresseur),
- une pilule contraceptive,
- un agenda

ANNEXES

RAPPORT D'AUTOPSIE

Rapport de l'examen sur le lieu : victime au sol repliée sur elle-même, les genoux presque au niveau de la tête, multiples fractures visibles et perte de sang très importante.

Il s'agit d'un cadavre de sexe féminin. Taille comprise entre 1 m 62 et 1 m 67 (sans possibilité de la déterminer exactement à cause de la compression de la colonne vertébrale) corpulence moyenne. Les yeux sont bruns, les cheveux sont longs, décolorés, blonds.

Le cadavre est vêtu d'un jean de couleur bleue, d'un débardeur blanc et d'un gilet gris. Les vêtements sont maculés de sang. On note également la présence d'un collier en argent autour du cou et de boucles d'oreille fantaisie aux oreilles.

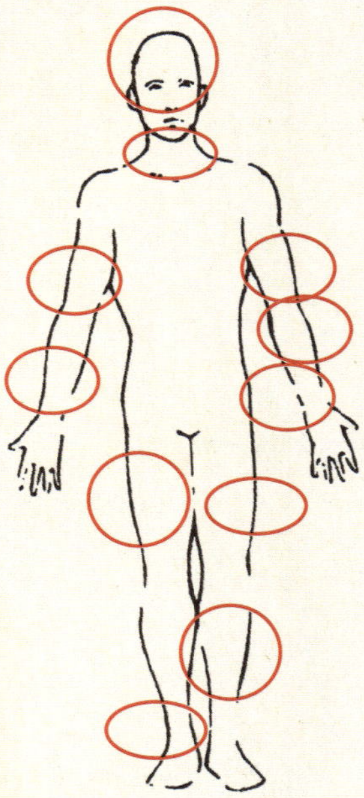

Examen externe du corps

Tête et cou : multiples plaies et fractures au niveau du crâne qui est « éclaté » en plusieurs morceaux. Les blessures ont causé d'importantes hémorragies cérébrales, présence de sang coagulé sur le front, les sourcils, dans les narines et la bouche. Sept dents sont tombées suite au choc.

Extrémités : fractures multiples au niveau des bras et des jambes. Présence de cicatrices blanches sur les poignets et les cuisses.

Tronc : colonne vertébrale enfoncée et fracturée.

Prélèvement externe au niveau des ongles des deux mains : RAS

Analyse toxicologique : intoxication due à l'alcool (1,2g/L de sang)

Conclusion : décès probablement immédiat suite à une chute de plusieurs dizaines de mètres.

L'AFFAIRE

Alain LAMARE

Alain Lamare est né le 10 juillet 1956 à Fruges, dans le Pas-de-Calais.

En 1978 et 1979, dans le département de l'Oise, il vole plusieurs voitures qu'il piège pour qu'elles explosent lorsqu'elles sont retrouvées par les gendarmes.

Durant cette même période, il tire à plusieurs reprises sur des jeunes femmes qu'il croise au hasard. L'une d'entre elles décédera, tandis que les autres seront grièvement blessées.

Celui que la presse surnomme alors « le tueur fou de l'Oise » envoie même des lettres aux enquêteurs pour les narguer.
Dans l'une d'elles, il menace : « La prochaine fois, je viserai le cœur. »

À la suite de cette lettre, il tue Yolande Raszewski, une auto-stoppeuse de 19 ans.

En avril 1979, l'inspecteur Daniel Neveu et le maréchal Claude Morel présentent des preuves accablantes au capitaine Jean Pineau, qui dirige le PSIG (Peloton de Surveillance et d'Intervention de la Gendarmerie) de Chantilly. Le suspect n'est autre qu'Alain Lamare, un gendarme sous les ordres de Pineau.

Âgé de 23 ans lors de son arrestation, Alain Lamare participait jusque-là à la traque du tueur fou. Il était même très investi dans l'enquête.

Les avis des experts psychiatres sur le cas d'Alain Lamare divergeront beaucoup. Finalement, on lui reconnaît un trouble psychiatrique assez rare : l'héboïdophrénie, une forme peu commune de schizophrénie. Ce diagnostic aura pour conséquence de déclarer Lamare irresponsable de ses actes d'un point de vue pénal.

En 1983, une ordonnance de non-lieu est prononcée.
Alain Lamare se retrouve interné dans une unité psychiatrique spécialisée dans la prise en charge des malades difficiles.

10

14 mars
1910
Paris

LE MEURTRE DE ROGER BLONDEAU

Roger Blondeau était gardien de nuit au Louvre depuis treize ans. Il appréciait énormément le moment d'effectuer ses rondes, le silence et la tranquillité qui retombaient dans le musée après le départ des visiteurs… Il connaissait chaque salle, chaque couloir, chaque recoin sur le bout des doigts, mais à la nuit tombée, il avait toujours le sentiment de redécouvrir les tableaux et les sculptures avec émerveillement. Dans la pénombre, certaines peintures semblaient presque prendre vie. Il ne s'en était jamais lassé.

Cette nuit-là n'était aucunement différente des autres, du moins en apparence. Le gardien avait pris la relève de son collègue à minuit, et il déambulait dans les couloirs du gigantesque palais endormi. Roger Blondeau passa par la cour du Sphinx où ses pas résonnèrent sur le marbre blanc et se répercutèrent sur les statues qui semblaient l'observer de leurs regards sévères. Sans raison particulière, il eut envie de changer l'ordre de son parcours habituel, ignorant que cette décision lui serait fatale.

Après avoir gravi les marches lisses en pierre et atteint le premier étage du pavillon Denon, le vieil homme entra dans la galerie des peintures françaises. Le parquet grinçait bruyamment sous chacun de ses pas. Il avançait nonchalamment, impressionné comme au premier jour par la taille exceptionnelle des tableaux suspendus des deux côtés de la galerie. Tout à coup, Roger Blondeau entendit un léger bruissement provenant de derrière lui. On aurait dit le bruit du frottement d'une étoffe. Le gardien s'immobilisa et tendit l'oreille. Le silence était retombé dans le musée. Alors qu'il s'apprêtait à repartir, Blondeau l'entendit à nouveau. Il fit volte-face et laissa échapper un cri de surprise au moment même où une silhouette noire se jetait sur lui. Il lâcha sa lampe torche, qui tomba lourdement sur le sol.

Quelques instants plus tard, les intrus prenaient la fuite, laissant derrière eux le vieux gardien agonisant, un couteau planté dans la poitrine. Le faisceau de sa lampe éclairait le parquet, sur lequel une flaque de sang s'étendait rapidement. C'est ainsi que la vie

de Roger Blondeau prit fin, après treize années de bons et loyaux service rendus au Louvre, dans cet endroit qu'il aimait tant.

Le lendemain, le détective Oscar Moberg, accompagné de sa loyale assistante Justine Bianchi, se présenta au musée du Louvre. La police avait fait appel au détective, dont la réputation n'était plus à faire, pour l'aider à résoudre non seulement le mystère du meurtre de Blondeau, mais aussi la disparition d'un tableau qui avait été dérobé par les malfaiteurs. Après avoir présenté leurs papiers d'identité, Oscar Moberg et son assistante montèrent au premier étage, dont l'accès était gardé par deux policiers.

Le détective marcha d'un pas assuré en direction des hommes qui entouraient le cadavre du gardien, que personne n'avait déplacé pour le moment. Il serra la main du policier en uniforme qui l'attendait.

– Gaston Le Berre, lieutenant de police. C'est moi qui vous ai fait appeler, monsieur. C'est un honneur, fit l'homme bedonnant en soulevant son képi.
– Oscar Moberg, répondit le détective. Et voici mon assistante, Justine Bianchi, dit-il en désignant la jeune femme brune à sa droite.
– Permettez-moi de vous présenter monsieur Joseph Machinero, conservateur du musée, fit Le Berre en se tournant vers un homme élancé aux cheveux d'un blanc immaculé qui s'appuyait sur une canne.

Le conservateur serra chaleureusement la main du détective et fit un baisemain poli à mademoiselle Bianchi. Après ces présentations d'usage, Moberg s'accroupit au-dessus du cadavre. Ses yeux parcouraient chaque parcelle de la scène de crime, à l'affût. La scène n'était pas belle à voir. Roger Blondeau gisait sur le dos, les yeux écarquillés dans une expression de surprise. Le manche d'un couteau dépassait tout juste d'entre ses côtes. Le bras gauche du pauvre gardien reposait le long de son corps, mais le bras droit, lui, avait une position singulière. À demi levé, il formait avec le corps un angle à 90 degrés et, tout au bout, l'index pointait en direction des tableaux suspendus aux murs.

En réalité, il désignait plus particulièrement une œuvre bien précise, le très célèbre *Radeau de la Méduse* de Théodore Géricault. Une peinture représentant la terrible souffrance de naufragés, perdus au milieu des eaux et s'agrippant à l'espoir d'être sauvés. Était-ce dans cette œuvre que Roger Blondeau avait reconnu ses dernières émotions ?

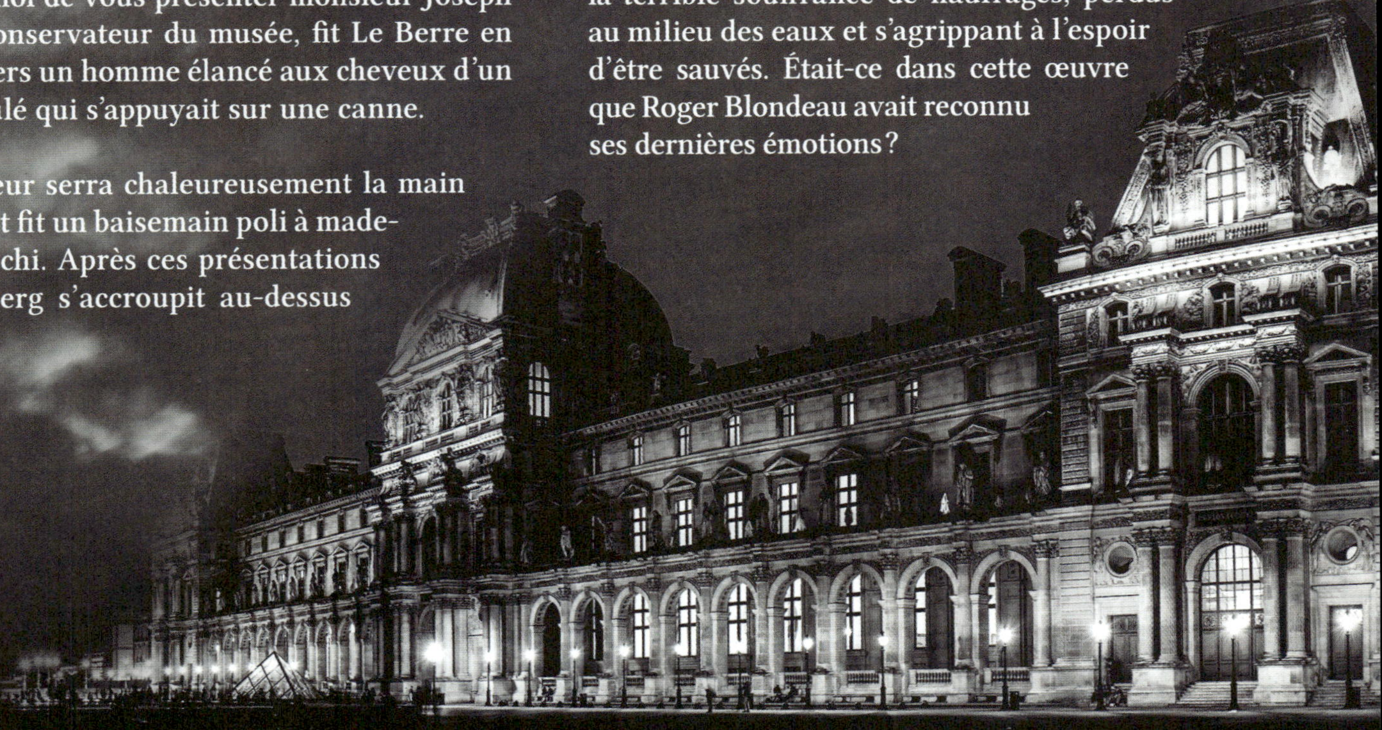

Justine Bianchi avait sorti un petit carnet à la reliure en cuir rouge, et commença à questionner le policier et le conservateur.

– Un tableau a donc été dérobé cette nuit ? s'enquit-elle d'une voix douce.
– Hélas, oui… répondit Joseph Machinero. *Le Transport du Christ vers le tombeau*, une œuvre superbe peinte par Titien. C'est une peinture d'une valeur inestimable…

La jeune femme fit un tour sur elle-même, ne constatant aucun tableau manquant dans la pièce. Devant son regard interrogateur, le conservateur indiqua avec sa canne une direction dans le dos de la jeune femme :

– Il se trouvait dans une salle attenante. Je peux vous montrer tout de suite, si vous le souhaitez ?

Justine Bianchi lança un regard vers Oscar Moberg, qui était toujours penché au-dessus du corps du gardien. Le détective se redressa en acquiesçant d'un signe de la tête en direction du conservateur. Ils le suivirent tous dans la pièce voisine, où un espace vide au mur laissait effectivement deviner qu'un tableau avait dû y être accroché auparavant.

Moberg s'allongea devant l'emplacement de l'œuvre volée, pour scruter avec minutie le sol à la recherche du moindre indice : une légère empreinte de pas, une particule de tissu… Rien ne pouvait lui échapper. Son assistante, mademoiselle Bianchi, avait l'habitude de ses manières étranges. Elle admirait son patron pour son intelligence et son sens de l'observation hors pair, et elle apprenait beaucoup à ses côtés. Gaston Le Berre et Joseph Machinero étaient, eux, beaucoup plus circonspects. Justine surprit l'expression sceptique que lança le conservateur au lieutenant de police, qui lui répondit par un haussement d'épaules. Elle posa une nouvelle question afin de détourner leur attention.

– Que pouvez-vous nous dire sur l'emploi du temps du gardien, messieurs ? Cela nous permet-il d'avoir une idée approximative de l'heure du crime ?

Le Berre s'éclaircit la gorge pour répondre :
– Nous en parlions justement avec monsieur Machinero avant votre arrivée. Roger Blondeau a pris son tour de garde à minuit et n'était pas présent à son poste habituel à 6 h du matin pour la relève, ce qui a immédiatement inquiété son collègue. C'est ce dernier qui est parti à sa recherche et qui a découvert le corps.
– C'est vraiment terrible, ce qui est arrivé, se lamenta Joseph Machinero en serrant le pommeau de sa canne contre lui. Ce gardien travaillait au musée depuis plus de dix ans…

Pendant ce temps, Oscar Moberg s'était relevé et époussetait ses épaules. Il désigna du doigt la salle où se trouvait le corps et demanda « vous permettez ? » puis, sans attendre une réponse, il partit à grandes enjambées. Justine Bianchi adressa un petit sourire gêné aux deux hommes qui l'entouraient et tous suivirent le détective.
– Madame, messieurs, déclara fièrement Moberg lorsque les trois autres le rejoignirent devant le corps du gardien, je sais qui a volé le tableau et qui a assassiné ce pauvre homme. Tout est limpide, et figurez-vous que, si je détiens la vérité, c'est parce que monsieur Blondeau lui-même me l'a soufflée !

Comme Oscar Moberg, avez-vous compris qui a tué monsieur Blondeau ?

Pour vous aider à résoudre cette enquête, rendez-vous sur la chaîne Youtube de Sonya Lwu !

SOLUTION PAGE 91

L'AFFAIRE

du meurtre de Ghislaine Marchal, dit "l'affaire Omar Raddad"

Le 24 juin 1991, les gendarmes enquêtent sur la disparition de Ghislaine Marchal et perquisitionnent La Chamade, sa maison à Mougins dans les Alpes-Maritimes. Ils découvrent le corps sans vie de madame Marchal dans la cave.

Au-dessus d'elle figure une inscription en lettres de sang : « OMAR M'A TUER ». Quelques mètres plus loin, on peut lire sur un autre message, plus brouillon : « OMAR M'A T ».

Le jardinier de la victime, Omar Raddad, est immédiatement placé en garde à vue. Lors de son interrogatoire, ce Marocain, qui ne maîtrise pas bien la langue française, n'est ni accompagné par un traducteur, ni par un avocat.

Malgré le fait qu'il nie toute implication dans le meurtre et que son casier judiciaire soit vierge, Omar Raddad sera inculpé pour homicide et placé en détention provisoire dans l'attente de son jugement.

Le procès d'Omar Raddad, extrêmement médiatisé en France, débute le 24 janvier 1994.

Bien que les éléments de l'enquête soient sujets à controverse, et qu'aucune preuve matérielle n'incrimine Omar Raddad, si ce n'est l'étrange inscription retrouvée au-dessus du corps de la victime, ce dernier sera reconnu coupable et condamné à 18 ans de réclusion criminelle.

Suite à cette décision, la France est divisée. Pour certains, pas de doute : Omar Raddad, endetté par une passion pour les machines à sous, a assassiné sa patronne qui lui aurait refusé une avance sur salaire. Pour d'autres, l'enquête a été menée à charge, et le condamné est victime d'une erreur judiciaire. Son avocat évoque même des négligences dans l'enquête sur fond de racisme.

Dans ce contexte, le président Jacques Chirac accordera une grâce présidentielle partielle à Omar Raddad le 10 mai 1996, réduisant sa peine de 4 ans et 8 mois. Le 4 septembre 1998, l'ancien jardinier bénéficie d'une libération conditionnelle et sort de prison.

Depuis, Omar Raddad et ses avocats demandent une réouverture de l'enquête, pour que lumière soit faite sur l'assassinat de Ghislaine Marchal.

Cette affaire pose toujours de nombreuses questions, dont une essentielle : madame Marchal a-t-elle vraiment pu, juste avant de mourir, désigner l'identité de son assassin ?

9 différ≠nces

QuIZ

20/ Ce couple est très célèbre pour ses investigations dans des lieux supposés « hantés » :

- Fred et Rosemary West
- Paul Bernardo et Karla Homolka
- Ed et Lorraine Warren

21/ Comment s'appelle le syndrome dont a probablement été victime Gypsy Rose Blanchard, la poussant à assassiner sa mère, Dee Dee Blanchard ?

- le syndrome de Münchhausen par procuration
- le syndrome de Peter Pan
- le syndrome d'Alice au pays des merveilles

22/ Le 16 mai 1937, Laetitia Toureaux est assassinée dans un lieu inhabituel :

- dans un musée
- dans le métro
- dans un avion

23/ Comment surnommait-on l'incroyable demeure dans laquelle H. H. Holmes avait fait construire des pièges mortels pour ses victimes ?

- Le Château
- Le Palais
- Le Manoir

24/ Pour quel événement la ville de Roswell (Nouveau Mexique, États-Unis) est-elle célèbre ?

- l'assassinat d'un président américain
- le crash au sol d'un objet volant non identifié
- l'arrestation d'un tueur en série

25/ La secte Aum Shinrikyo est notamment responsable de :

- l'attaque de Pearl Harbor
- l'attentat au gaz sarin dans le métro de Tokyo
- l'enlèvement et le démembrement de victimes repérées sur Twitter

---

Placez ces différents éléments dans le bon ordre sur la frise chronologique

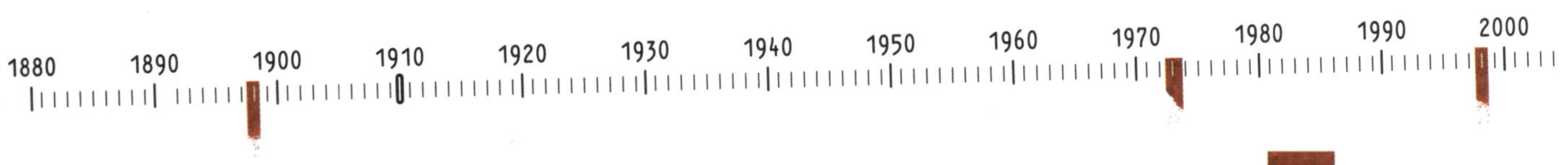

A Libération et disparition du tueur en série Pedro Alonso Lopez

B Le tueur en série Ed Kemper se rend aux autorités

C Publication du livre "Futility" ou "Le Naufrage du Titan", roman qui aurait prédit le naufrage du *Titanic*

#3

Solutions

1

L'affaire de la petite Mélodie

Un silence de plomb s'abattit dans le bureau. Tout le monde était suspendu aux lèvres de Meunier.

Le commissaire poussa un long soupir en se frottant les yeux.
– Les parents ne t'ont clairement pas raconté toute la vérité, Élise. Et je pense… qu'il ne s'agit pas d'une affaire de meurtre.

Des yeux s'écarquillèrent et le commissaire entendit quelques murmures sidérés parcourir son auditoire.

– La première chose qui m'a mis la puce à l'oreille, continua-t-il, c'est le rapport d'autopsie. Il est écrit que Mélodie avait des morceaux de pâtes dans l'estomac lorsqu'elle est décédée. Or les aliments restent environ 4 heures dans l'estomac avant de passer dans l'intestin grêle. Ça ne colle pas avec la version de la mère, qui t'a affirmé que la petite avait passé l'après-midi à jouer et s'était endormie devant un dessin animé vers 17 h. Et puis il y a autre chose : elle ne s'est pas débattue quand on l'a ligotée, elle était déjà décédée après avoir reçu ce coup à la tête.
– Alors tu penses à quoi ? demanda Élise Benmera, perplexe.
– Je pense que la fillette a eu un accident après le déjeuner, et que les parents n'ont rien pu faire pour la sauver. Paniqués, ils ont décidé de simuler un enlèvement plutôt que de reconnaître leur inattention. Ensemble, ils sont partis jeter le corps de Mélodie dans l'étang des Souchères, en ayant pris soin de lui attacher les mains et les pieds pour faire croire qu'elle avait été séquestrée. C'est aussi à ce moment-là qu'ils ont fait un détour par Cheynac pour poster la fausse lettre du corbeau. En rentrant, ils ont dû chercher à cacher les preuves. J'ai remarqué en observant la photo du salon que le tapis était à l'envers. Je suis certain qu'on y retrouvera des gouttelettes de sang, même s'il a été nettoyé… Après tout ça, les Leroy se sont rendus au commissariat pour déclarer la disparition de la petite.

Plus personne n'osait parler, ni ne voulait réellement croire à la version du commissaire. Et pourtant…

Les Leroy furent convoqués dans la foulée en auditions séparées. Après plusieurs heures de déni, ils finirent chacun par confirmer le pressentiment de Meunier. En larmes, Mme Leroy raconta comment, juste après le déjeuner, Mélodie s'était amusée à faire la course entre le salon et la cuisine avec son père. Ses pieds s'étaient pris dans le tapis et elle avait basculé, tête la première, contre la table basse. Un banal accident qui fut malheureusement mortel pour la fillette. Les Leroy avaient alors totalement paniqué, et craint que la garde de leur fils adoptif ne leur soit retirée pour cause de négligence parentale. C'est alors que le plan macabre leur était apparu comme seule échappatoire.

Cette enquête est inspirée des affaires Grégory Villemin et JonBenét Ramsey.

LE MASSACRE DES CAMPEURS DES BAUGES

Aminata Diara remercia Yassin Bouzad puis entreprit de remonter la pente jusqu'au chemin de randonnée où elle avait garé son 4x4.

Elle repassa devant les corps d'Anna et Lucas à proximité des braises froides, à côté des tentes des campeurs et des techniciens qui s'affairaient désormais à placer le corps de Marie dans un sac mortuaire, puis, un peu plus loin, près de la dépouille de Marc, qui, malgré ses 22 ans, semblait si jeune dans cette position fœtale.
Un véritable drame s'était déroulé ici, une horreur qu'aucun jeune de cet âge ne devrait connaître. Elle ferma les yeux quelques secondes pour se ressaisir avant d'adresser un dernier signe de tête à ses collègues et de remonter dans sa voiture.

Pendant toute l'heure de route qui suivit, Aminata resta plongée dans ses pensées, assemblant les pièces du puzzle petit à petit. Arrivée au poste, elle avait la conviction d'avoir trouvé la solution.
Si Jérôme Frachon se réveillait bientôt de son coma, peut-être pourrait-il confirmer ? Mais garderait-il seulement le souvenir de cette nuit-là ?

Il faudrait sûrement attendre les résultats des analyses génétiques pour en avoir le cœur net.
Mathias Tessier, lui, était impatient de connaître l'hypothèse de la capitaine.
– Je te fais un café ? Tu as dû te les geler là-haut ! lui lança-t-il dès qu'elle franchit la porte de son bureau.
– Ce n'est pas de refus. Je n'avais pas prévu d'être réveillée si tôt aujourd'hui… se justifia Diara en réprimant un bâillement.

Lorsque le brigadier Tessier revint quelques minutes plus tard, deux gobelets de café dans les mains, elle lui fit signe de fermer la porte derrière lui.

– Bon, on va attendre de recevoir les résultats du labo - probablement en début de semaine prochaine - pour confirmer ce que je pense… Tu comprendras que je ne peux pas encore m'avancer publiquement là-dessus, murmura Aminata. Pour moi, tu peux écarter le garde-chasse de la liste des suspects. Les campeurs ont été massacrés en pleine nuit, au beau milieu de la montagne, sans témoin… Il n'y a aucune raison que Bergeron ait laissé la vie sauve à l'une de ses victimes, et pris le risque qu'elle puisse le dénoncer. Et puis, pourquoi laisser l'arme du crime sur place ? Il aurait très bien pu la balancer beaucoup plus loin, on ne l'aurait probablement jamais retrouvée. Même si le mobile du crime, à savoir s'attaquer à des jeunes faisant du camping sauvage, est cohérent avec la personnalité de Claude Bergeron, cela ne cadre pas avec la scène de crime.

Mathias écoutait son capitaine sans bouger. Il n'avait même pas touché à sa tasse de café qui refroidissait sur la table. Aminata Diara poursuivit :

– On devrait recevoir les résultats de la recherche d'empreintes digitales sur le couteau dans la soirée ou demain. Je suis prête à parier qu'on ne trouvera dessus que les empreintes des campeurs. J'irai même jusqu'à penser qu'on ne relèvera que celles de Jérôme et de Marc dessus. Pour moi, le tueur faisait partie de la bande. Je me suis creusé la tête un moment pour deviner ce qui a bien pu se passer et, petit à petit, j'ai compris : le mobile tout d'abord. Une crise de jalousie, j'en suis presque certaine. Contrairement aux autres, la jeune Anna a été complètement défigurée par son agresseur. Tu sais aussi bien que moi ce que ça signifie : le tueur la connaissait personnellement, et il était probablement plus lié à elle qu'aux autres.

Le brigadier hocha la tête en signe d'assentiment, n'osant interrompre la capitaine, qui poursuivit :

– Ce sont ensuite leurs vêtements, ainsi que la disposition des corps, qui m'ont permis de retracer le déroulement de cette nuit macabre. Anna et Lucas étaient visiblement restés près du feu après que les trois autres sont allés se coucher. Ils ont été les premiers surpris par le tueur, qui a sauté à la gorge de Lucas avant de se tourner immédiatement vers Anna pour la poignarder à de nombreuses reprises. Marie, alertée par les bruits, s'est levée dans la précipitation. Elle a été tuée alors qu'elle venait de sortir de sa tente. Puis le dernier témoin a tenté de s'enfuir : il s'agissait de Jérôme Frachon. Il a peut-être eu le temps de voir Marc au-dessus du corps de Marie… Ensuite, Marc s'est lancé à ses trousses et lui a planté son couteau à l'arrière de la cuisse. Les deux jeunes hommes sont alors tombés et une lutte s'est engagée. Jérôme reçoit plusieurs coups de couteau aux avant-bras mais parvient à arracher l'arme des mains de Marc. Il n'a pas alors d'autre choix que de se défendre et poignarde à son tour Marc avant d'abandonner l'arme et de tenter de ramper jusqu'au chemin pour trouver de l'aide. Grièvement blessé et à bout de forces, il perd finalement conscience à quelques mètres de son agresseur, qui a lui succombé à ses blessures.

Mathias fixait sa supérieure avec stupéfaction, incapable de réagir. Aussi terrible que puisse être la version des faits envisagée par Diara, il fallait reconnaître que cela fonctionnait.

Trois jours plus tard, les résultats de la recherche d'empreintes digitales sur le manche du couteau confirmèrent le pressentiment d'Aminata. On avait effectivement relevé les empreintes de Marc Leprince et de Jérôme Frachon sur l'arme.

De son côté, après plusieurs jours d'hospitalisation, Jérôme Frachon fut tiré d'affaires. À son réveil, il fondit en larmes, racontant l'effroyable nuit qu'il avait passée dans le massif des Bauges. Des tensions s'étaient accumulées, raconta-t-il, la journée précédant les meurtres. Anna et Lucas étaient trop complices au goût de Marc, et bien qu'ils aient tenté de le rassurer, il était parti se coucher tôt d'humeur maussade.

Vers 2 heures du matin, Jérôme s'était réveillé brusquement, alerté par des bruits inquiétants à proximité de sa tente. Croyant d'abord qu'une bête sauvage rôdait autour de leur campement, il avait hésité quelques instants avant de se décider à sortir, découvrant alors Marc, un couteau à la main, au-dessus du corps de Marie. La suite des évènements s'était déroulée en quelques fractions de seconde. L'adrénaline avait poussé Jérôme à courir en direction du chemin, puis la douleur et surtout la peur avaient pris le dessus lorsque Marc s'était jeté sur lui.

Les doutes sur sa culpabilité dispersés, Jérôme Frachon devint rapidement la coqueluche des médias, qui se précipitèrent tous à son chevet pour obtenir l'exclusivité de son témoignage. Aminata et Mathias eurent l'occasion de recevoir sa déposition en premier et restèrent profondément marqués par le récit de ce jeune homme, dont la vie serait transformée à jamais par cette tragédie.

Cette enquête est inspirée de l'affaire des meurtres du lac Bodom.

La mort d'Édouard Branchet

L'inscription sur le poignet de la victime avait mis la puce à l'oreille de l'inspecteur Garcis : en effet, cet indice lui avait permis de comprendre qu'Édouard Branchet était gaucher. Pourtant, la balle était entrée dans son crâne du côté droit, et l'arme avait été retrouvée à ses pieds du même côté : ces indices indiquaient qu'il ne pouvait donc pas s'agir d'un suicide.
Mais c'était surtout le mobile du crime qui avait finalement mis l'inspecteur sur la bonne piste : il paraissait évident que le jeune homme n'était pas le bienvenu au manoir Nugatti.
Le commissaire Morin et Antoine Garcis prirent place en face de Carlos Nugatti et de son avocat dans la salle d'interrogatoire. Après s'être présenté, Garcis jeta un petit coup d'œil au commissaire comme pour s'assurer qu'il avait toujours son approbation, puis avec un léger sourire, il s'adressa au producteur de cinéma.
– Comment va votre maman, monsieur Nugatti ?
Le sexagénaire tiqua.
– Elle… elle va bien, enfin… J'imagine qu'elle est inquiète actuellement, évidemment… balbutia-t-il en essayant de garder son calme et d'avoir l'air détendu.
Antoine Garcis ne voulait pas laisser le temps à Nugatti de reprendre ses esprits. Il devait tenter son coup de bluff immédiatement pour profiter de l'effet de surprise.
– Ah oui ? Inquiète, vous croyez ? Moi je pense qu'elle est très sereine au contraire, votre plan pour la protéger était bien ficelé. Ça a failli fonctionner, je vous assure.

Plusieurs secondes de silence s'écoulèrent avant que Nugatti n'explose et s'insurge à grands cris, mais peu importait. Son regard l'avait trahi, et sa réaction prouva à Garcis qu'il avait touché un point sensible. Il le savait, Nugatti tenterait de nier, mais il avait trouvé la faille. Ce n'était plus qu'une question de temps avant qu'il lâche le morceau. Effectivement, après quelques heures à le travailler au corps, Carlos Nugatti fut tenté de rétablir la vérité. Il s'était battu comme il l'avait pu pour protéger sa mère, mais sa rancœur contre elle avait finalement trouvé un minuscule chemin pour refaire surface.

– Édouard et moi, nous avions commencé à nous voir depuis plusieurs semaines. Quand je l'ai aperçu pour la première fois au *Jardin Bleu*, je suis tout de suite tombé fou amoureux de lui. Il était beau, fier, confiant… Jamais je n'aurais pensé qu'il s'intéresserait à quelqu'un comme moi, sauf peut-être par intérêt. Mais figurez-vous… (Nugatti sourit avec tendresse en se remémorant ces souvenirs) qu'il ne savait pas qui j'étais. Il avait compris que j'avais de l'argent bien sûr, mais ça ne l'intéressait pas. Un bel homme comme lui, il aurait pu avoir le monde à ses pieds… Mais c'est moi qu'il a choisi. On a passé des heures à discuter sans qu'il y ait le moindre rapprochement. Nous étions comme deux âmes séparées depuis des siècles qui se retrouvent enfin. Après plusieurs soirées à discuter de choses plus profondes qu'avec la plupart de ceux qui m'entourent depuis des années, il a voulu qu'on ait plus d'intimité. Je ne voulais surtout pas aller chez lui, de peur que ses colocataires ou ses voisins me reconnaissent et que ça fasse la une de la presse à scandale dès le lendemain matin. Je suis devenu méfiant au fil des années… Alors, je l'ai invité à prendre un verre au manoir. Je savais que c'était une mauvaise idée, car maman m'avait toujours formellement interdit de ramener des hommes sous notre toit. Ce dont elle se doutait et dont nous ne parlions jamais devait toujours rester en dehors de la demeure Nugatti. Mais j'étais enivré par la présence d'Édouard, par son assurance… Je l'enviais de pouvoir être lui-même sans avoir à se cacher et voulais moi aussi braver la pudibonderie de ma mère.

**Le producteur marqua une pause,
le regard dans le vague, avant de poursuivre :**

– Lorsque nous sommes arrivés devant le portail, Édouard a ouvert des yeux immenses. Je lui ai alors avoué mon secret, mon identité ; je lui ai demandé s'il était prêt à assumer les risques de la déferlante médiatique, des ragots ignobles qui enterreraient probablement sa carrière dès lors qu'on écrirait partout qu'il était avec moi uniquement pour mon nom. En guise de réponse, il m'a embrassé avec tout l'amour et la naïveté de son jeune âge.
Nous nous sommes installés dans le petit salon attenant à ma chambre et là, nous avons passé les deux heures les plus merveilleuses de toute ma vie. Nous avons dansé, ri, bu du champagne. Nous nous sommes embrassés encore et encore comme des adolescents. Et puis, alors que j'étais à la fenêtre en train de fumer une cigarette, j'ai entendu dans mon dos la voix de maman. Je me suis retournée et je l'ai vue, dans l'embrasure de la porte, le teint livide. Je suis resté pétrifié sur place. Ensuite, tout est allé très vite...

Carlos Nugatti gémit comme un animal blessé et s'effondra en larmes.

– Elle a pointé une arme sur Édouard et lui a demandé de quitter immédiatement le manoir mais il a refusé de partir et s'est tenu droit entre nous. Elle s'est avancée vers lui et, sans prévenir, elle a appuyé le canon du revolver sur sa tête et a tiré. Son corps est tombé d'un coup sur le sol avant que j'aie pu faire le moindre mouvement. Jacques est arrivé en courant dans le salon et nous a trouvés ainsi, en état de choc. C'est moi qui lui ai demandé de mentir pour protéger maman. C'est également moi qui ai essuyé les empreintes du revolver et qui l'ai placé aux pieds d'Édouard. J'ai agi automatiquement, comme si j'avançais dans un cauchemar.
– Pourquoi avez-vous voulu protéger votre mère ?
– Je savais que je venais de perdre l'amour de ma vie... Je ne pouvais pas me permettre de la perdre elle aussi, murmura Carlos Nugatti entre deux sanglots.

Cette enquête est inspirée de l'affaire Lana Clarkson.

Page 24

4

L'Assassinat de CLARISSE ROSEWALD

Daniel Li savait qu'il n'y avait pas de temps à perdre. Parfois, se répétait-il, il faut accepter que la bonne réponse soit la plus évidente. Pourtant, les aveux de David Rosenwald lors de son interrogatoire indiquaient clairement une chose : il n'avait pas tué sa femme. L'autopsie de la victime, les enregistrements de vidéosurveillance, tout indiquait que Clarisse Rosenwald avait été assassinée avec une arme contondante, et non à mains nues comme il l'avait décrit. Choqué, épuisé, peut-être poussé à bout par un enquêteur trop empressé de coincer un suspect, David Rosenwald avait probablement craqué, et reconnu un meurtre qu'il n'avait pas commis. Ce ne serait pas la première fois qu'une personne innocente passe aux aveux, aussi étrange que cela puisse paraître.

Les autres suspects, eux, avaient tous un mobile potentiel : jalousie et vengeance pour Damien Wilson et Géraldine Özkan, qui auraient pu découvrir la liaison extraconjugale de Clarisse, volonté de faire taire la victime pour Selim Özkan. C'étaient finalement les alibis des suspects, ainsi que certains éléments de la scène de crime, qui avaient mis la puce à l'oreille de l'officier Li. De plus, l'un d'entre eux n'avait pas été honnête lors de son audition. Daniel Li demanda immédiatement à le revoir pour le questionner à nouveau.

Vers 11 h 30, il s'installa en face du suspect en salle d'interrogatoire.

– Monsieur Özkan, commença-t-il, pourquoi avez-vous menti concernant la teneur de votre dernière conversation avec Clarisse Rosenwald, la veille de son assassinat ?
– Je vous demande pardon ? Vous faites erreur… réussit à articuler le quadragénaire, l'air stupéfait.
– N'essayez pas de jouer la surprise, monsieur Özkan. Hier soir, vous m'avez dit que la victime vous avait appelé pour vous proposer une escapade à la mer ce week-end, mais nous savons tous les deux que c'est faux. Clarisse Rosenwald ne comptait certainement pas quitter Strasbourg ce week-end, alors que devait se tenir l'anniversaire de sa meilleure amie. Alors, maintenant, faites-nous gagner du temps : que vous êtes-vous dit au téléphone cette nuit-là ? Qu'avez-vous tenté de dissimuler ? Votre femme peut bien tenter de couvrir votre absence d'hier matin, elle a l'habitude de fermer les yeux sur vos incartades secrètes. Mais au final, ce sont vos empreintes de pas qui vous trahiront. Je parie que vous chaussez du 43, n'est-ce pas ?

Le chef d'entreprise fut visiblement décontenancé par l'aplomb de l'officier Li. Après de laborieuses tentatives pour se justifier, Selim Özkan finit par avouer s'être disputé avec Clarisse Rosenwald, la veille de son meurtre. Selon lui, la victime aurait menacé de se présenter à son domicile pour tout révéler à sa femme. Il aurait alors « pété les plombs » et décidé d'éliminer la menace qu'elle représentait pour son mariage. Il refusera cependant de reconnaître la préméditation et son intention claire de donner la mort à la jeune femme.

Trois ans plus tard, lors de son procès, les expertises psychiatriques de Selim Özkan mentionneront une personnalité aux traits psychopathiques. Entre-temps, ce dernier reviendra sur ses aveux. Il sera néanmoins condamné à la réclusion criminelle à perpétuité, accompagnée d'une période de sûreté de 22 ans.

Cette enquête est inspirée de l'affaire du meurtre de Missy Bevers.

5

LA DISPARITION DE LA FAMILLE MICHAUD

Éloïse Bengalis avait eu un pressentiment incongru, quelque chose en elle qui s'était réveillé et qu'elle ne pouvait pas réprimer. Cet instinct, tout bon enquêteur le connaît, et sait qu'il faut parfois se fier à ses intuitions. En fait, depuis l'arrivée de la lettre dans son service, la policière avait compris que quelque chose ne tournait pas rond. Si un ennemi de Jean-François Michaud avait éliminé toute la famille par vengeance, et réussi à s'en sortir sans se faire attraper, pourquoi diable aurait-il mis les enquêteurs sur la piste des corps ? D'ailleurs, si le père de famille s'était senti menacé et avait tenté de fuir la maison avec ses enfants, n'aurait-il pas eu l'air plus inquiet, lorsqu'il avait été aperçu en train de déjeuner au centre commercial ?

L'auteur de la lettre voulait qu'on retrouve les corps démembrés. Quelle raison pouvait bien le motiver ? Jouer avec la police ? Oui, probablement en partie. Les mettre, elle et ses collègues, sur une fausse piste ? Le tueur voulait qu'on sache que les membres de la famille Michaud n'avaient pas simplement disparu, mais qu'ils étaient tous morts. Et tous ces éléments, qui convergeaient et désignaient forcément Jean-François comme le coupable idéal… Pouvaient-ils avoir été eux aussi mis en scène par le tueur, qui menait les enquêteurs exactement là où il le voulait depuis le début ?

En partant de ce postulat, Bengalis réfléchit : qui pouvait vouloir ôter la vie aux Michaud et qui pouvait haïr suffisamment Jean-François pour vouloir lui faire porter la responsabilité de ces ignobles crimes ? La réponse était évidente : Sylvie. Une femme poussée dans ses retranchements, après des années de violences conjugales, qui n'aurait vu qu'une seule échappatoire à son mariage : la mort. Cependant, le crime n'avait pas été spontané. Il était visiblement mûrement réfléchi depuis des semaines, peut-être même des mois. Éloïse Bengalis avait du mal à imaginer qu'une femme comme Sylvie soit capable de planifier le meurtre de son mari et de ses trois enfants. Mais la barbarie n'a pas d'âge, ni de genre. Et puis, après tout, un membre découpé n'est pas nécessairement une preuve de décès.

Soudain, Éloïse Bengalis se ressaisit. Sylvie Michaud n'aurait pas pu, physiquement, tuer toute sa famille, puis s'amputer d'une jambe, répandre son sang dans la maison, pour ensuite conduire plus d'une heure jusqu'au lac de Nantua… Pour ensuite quoi ? Claudiquer sur une jambe, porter les corps démembrés de ses enfants et de son mari et les jeter dans la forêt ? Non, ça n'avait aucun sens, et ce n'était humainement pas possible. Bengalis secoua sa tête de gauche à droite, comme pour signifier combien elle avait été bête d'imaginer un tel scénario.

La petite voix dans son esprit s'entêta pourtant et reprit : à moins que… À moins que Sylvie n'ait été aidée d'un complice… Ces voisins, qui pensaient avoir aperçu Sylvie Michaud accompagné de son mari devant leur maison le 25 janvier, mais que personne n'avait pris au sérieux jusque-là, auraient-ils pu avoir raison ? En voyant un homme de dos, ils auraient aisément pu penser qu'il s'agissait de Jean-François… Et ce fameux amant, qu'elle avait eu autrefois, faisait-il toujours partie de sa vie au début de l'année 2006 ? Convaincue qu'elle tenait peut-être là la clé du mystère, l'enquêtrice avait aussitôt tapé un avis de recherche à la machine, qu'elle avait déposé sur le bureau de sa supérieure en vitesse, avant de filer, sans dire un mot.

AVIS DE RECHERCHE - 16 / 02 / 2006

Sylvie Michaud
Date de naissance : 15 septembre 1962 (44 ans)
Lieu de naissance : Lyon
Langue parlée : francais
Nationalité : francaise
Pour : homicides

Description physique
Taille : 1,63 mètre
Poids : 70 kg
Couleur des cheveux : bruns
Couleur des yeux : marron
Signe distinctif : jambe gauche sectionnée au genou

Le lendemain, la chef d'Éloïse Bengalis ne mentionna pas l'avis de recherche qu'elle avait trouvé sur son bureau. Ni le surlendemain. Bien vite, l'enquêtrice accepta l'idée que personne ne prendrait cette piste au sérieux et qu'elle avait probablement eu beaucoup trop d'imagination. Comme aucun nouvel élément ne vint relancer l'enquête durant des mois, l'intérêt des médias se porta vers d'autres sujets.

Le dossier Michaud fut peu à peu recouvert par d'autres dossiers empilés sur les bureaux... jusqu'au 23 octobre 2006. Cet après-midi-là, les autorités roumaines se mirent en relation avec les autorités françaises, car elles avaient arrêté, dans la nuit, une femme parlant français, qui tentait de passer leur frontière clandestinement depuis la Hongrie. Ce comportement étrange avait immédiatement intrigué les douaniers. Tout le service fut sidéré lorsque les policiers français reçurent la photographie de la suspecte. Prise en photo de face et de profil devant un mur de ciment blanc, se tenait Sylvie Michaud. Elle avait coupé ses cheveux court et les avait décolorés en blond, mais aucun doute n'était possible, c'était bien elle.

Immédiatement après son extradition en France, Sylvie Michaud fut placée en état d'arrestation pour les meurtres de Jean-François, Simon, Jessica et Hugo. Lors de l'interrogatoire, elle avoua immédiatement les meurtres, évoquant des remords mais ne laissant transparaître aucune émotion.
Elle expliqua avoir tendu un piège à son mari, en lui proposant de la rejoindre avec les enfants dans un petit chalet de location qu'elle avait réservé sous un faux nom près du lac de Nantua pour « une semaine de vacances, afin de mieux se retrouver ». Elle raconta leur avoir injecté là-bas un anesthésiant afin de les endormir, avant de les tuer. Elle refusa d'expliquer comment elle s'était procuré cette substance et ne voulut donner aucun détail sur les meurtres et les démembrements.

Ses explications restèrent aussi floues quant à ses déplacements par la suite. Elle confirma être repassée à son domicile lyonnais après les meurtres, pour s'y blesser volontairement à la jambe et répandre son sang, afin de se faire passer pour décédée. Elle affirma s'être coupé le tibia elle-même, toujours grâce à l'utilisation d'un anesthésiant, puis être retournée près de la cascade du Palin pour déposer sa jambe avec les autres membres découpés. En suivant ses indications, la police parvint à retrouver le reste des dépouilles de la famille Michaud au fond du lac, placé dans des valises lestées avec des pierres.

Même si tout portait à croire que Sylvie Michaud n'avait pas pu agir seule, elle n'avoua jamais avoir été aidée par un complice. L'homme avec qui elle échangeait sur Internet n'a jamais pu être identifié.

Cette enquête est inspirée des affaires de la tuerie de Nantes et de la disparition de la famille Godard.

Page 34

6

LA MORT DE LOUISE JENSEN

Après que Pierre Faure et Maurice Thill eurent rejoint le capitaine du *Cappadocia* à la timonerie et que le détective se fut présenté, les deux marins attendirent que ce dernier leur explique ce qu'il venait de découvrir, intrigués. Par habitude, le détective passa nerveusement sa main trois fois dans ses cheveux avant de se lancer.

– Messieurs, j'ai la certitude que madame Jensen ne s'est pas suicidée mais qu'elle a bel et bien été assassinée. Et je vous en ai apporté la preuve, si vous voulez bien regarder.

Il déposa la note de suicide devant le capitaine, puis le journal de bord trouvé sur la table de chevet dans la chambre de Paul.

– Si l'écriture de cette note concorde effectivement avec celle de madame Jensen, veuillez prêter une attention toute particulière à son en-tête.

Thill fit glisser son index sous la ligne pour accompagner son propos : « 27 mai 1926, cabine 38, *HMS Capadoccia* ».

– J'imagine que vous remarquez bien la faute dans l'orthographe du nom de votre navire, capitaine. A priori, je ne m'en serais pas formalisé… Tout le monde peut faire une erreur, et certainement encore plus lorsque l'on envisage de se donner la mort. Mais c'est en lisant le journal de bord tenu par le fils de la défunte que j'ai remarqué… cette même faute, regardez !

Le détective poussa le carnet ouvert à la page du 23 mai, jour du départ, devant les deux hommes qui fronçaient des sourcils en signe d'incertitude. Il reprit pour enfoncer le clou :

– Ce jeune homme timide et discret se nourrit de littérature tragique, des livres dans lesquels on retrouve les thématiques du suicide et du parricide. Ou devrais-je dire, du matricide, en l'occurrence. Il y a fort à parier que ce garçon, si introverti, toujours dans l'ombre de cette mère qui ne passe jamais inaperçue, a probablement vu grandir en lui l'idée d'une émancipation bien particulière… Il savait qu'en assassinant sa mère de cette manière, il attirerait sur lui toute l'attention, toute la compassion et bien sûr… un faramineux héritage.

Était-il caché dans la cabine lorsqu'Eugénie Chambon est venue apporter sa tasse de thé à madame Jensen ou bien est-il revenu peu de temps après ? Toujours est-il qu'il a largement eu le temps, après le départ de la bonne, de vider un flacon d'arsenic dans la boisson de sa mère. Il lui a suffi ensuite d'écrire cette note en imitant l'écriture de celle-ci, pour faire croire à un suicide. C'était chose aisée pour lui qui la connaissait si bien, et je dois bien admettre que s'il n'avait pas commis cette subtile erreur, sa manœuvre aurait tout à fait pu fonctionner. Lorsqu'il se réveillera à l'infirmerie, fouillez donc ses poches. Je suis certain que vous y trouverez le médaillon de la victime, subtilisé à sa mère en souvenir de son affreuse traîtrise.

Paul Jensen fut surpris de constater à son réveil, tôt le lendemain matin, qu'il avait de la visite. Le capitaine du *Cappadocia*, Pierre Faure et Maurice Thill se tenaient au pied de son lit. Il fut incapable de mentir lorsque le capitaine lui demanda s'il avait versé de l'arsenic dans le thé de sa mère. Maurice Thill avait vu juste et le jeune homme chétif avoua tout, non sans peine tant il était secoué par les sanglots.

Paul avait bel et bien subtilisé le collier de sa mère, juste après qu'il lui ait tendu sa tasse de thé empoisonnée. Sur le coup, il avait pensé que ce geste était guidé par la jalousie et la cupidité. Depuis tout petit, il admirait ce médaillon auquel Louise tenait tant et qu'il n'avait jamais eu le droit de toucher. À présent, il se rendait compte que si sa main avait glissé dans la nuque de sa mère, actionnant le fermoir et retirant le bijou pour le glisser dans sa poche, c'était peut-être aussi pour conserver un souvenir chargé de valeur sentimentale.

L'affreuse réalité de l'empoisonnement avait été bien plus violente qu'il ne se l'était imaginée, ou qu'il ne l'avait lue dans ses romans. Il avait complètement paniqué lorsque sa mère avait commencé à ressentir d'intenses douleurs au ventre et à vomir, mais il était déjà trop tard et il ne pouvait plus revenir en arrière.

Après s'être confessé, Paul Jensen se sentit étrangement apaisé.

Il serait probablement condamné à mort pour son terrible crime, mais il sentit que cette sentence serait plus facile à accepter pour lui qu'une vie entière de mensonge et de culpabilité.

Cette enquête est inspirée de l'affaire Robert Durst.

L'AFFAIRE DES ÉTUDIANTES ÉTRANGLÉES

– Heu… oui, bien sûr, accepta le chef de brigade, qui se rassit et adressa un regard interrogateur à l'agent Castelli.

Juliette récupéra le gobelet en plastique que Joaquim Brauner avait laissé sur la table, tout en prenant soin de ne pas le toucher directement avec ses doigts. Elle le déposa devant le chef de la brigade, dont le visage n'exprimait que de l'incompréhension et de l'attente.
– Ça risque de me coûter ma place ici mais si je ne le fais pas, je m'en voudrai toute ma vie. J'ai des doutes à propos de Brauner et je souhaiterais que vous fassiez analyser ses empreintes digitales.

Une expression d'horreur passa sur le visage de Melki, qui peina à réprimer un cri révolté.

– Mais enfin Castelli, vous êtes complètement tombée sur la tête ? Vous vous rendez compte de la gravité de vos propos ? Qu'est-ce que c'est encore que cette lubie ? s'écria-t-il.
– C'est que… murmura la jeune femme, dont le cœur battait à tout rompre. Je sais que ça paraît complètement dingue, et je n'ai peut-être pas les idées très claires mais, tout à l'heure, Joaquim a… Il a dit quelque chose qui m'a semblé bizarre.
– Quoi donc ? lança sèchement Melki, la figure rouge d'indignation.
– Eh bien, il a… il a… Castelli bégayait sous le coup du stress.

Était-elle devenue folle ? C'était trop tard de toute façon, elle ne pouvait plus faire marche arrière. L'enquêtrice déglutit et reprit en essayant de se donner une contenance :

– Il a mentionné le fait que la victime vivait dans un studio. C'est un détail que nous ne lui avions pas donné. Comment aurait-il pu savoir que Sophie Chenaux habite un studio, chef ?
– Mais enfin, il a probablement dit ça comme ça ! s'étouffa Melki.

À peine avait-il terminé sa phrase qu'il se tut. Il devait reconnaître que c'était un choix de vocabulaire étonnant. Pourquoi Joaquim n'avait-il pas simplement parlé d'un appartement ? Mais avait-il réellement prononcé le mot « studio » ? Ses souvenirs devenaient flous tout à coup.

Juliette Castelli profita de ces instants pour ajouter un argument :
– Joaquim n'était jamais en fonction lorsque les crimes ont été commis, j'ai vérifié les dates avec les notes dans mon carnet. Vous savez combien cette affaire l'obsède… Même vous, vous avez pensé que c'était parfois excessif. Tout ce que je vous demande, c'est de faire analyser les empreintes sur ce gobelet au plus vite. Personne d'autre que nous n'a besoin de savoir qui l'a touché. Ça restera entre nous. Ce serait… une simple vérification, rien de plus. Histoire de pouvoir fermer une porte, que nous seuls avons pu imaginer ouverte. Même Joaquim n'a pas à le savoir. Et si ses empreintes ne correspondent pas à celles de l'Étrangleur d'étudiantes, je vous promets de poser ma démission sur-le-champ et de ne plus jamais en reparler à qui que ce soit. Ça sera entièrement ma faute, j'en assumerai les conséquences.

Jean-Pierre Melki resta silencieux quelques secondes puis il siffla :

– Sortez, Castelli. Je vais faire comme si cette discussion n'avait jamais eu lieu.

La jeune femme sortit du bureau de son patron avec une mine déconfite. Elle ne savait pas ce qu'elle devait faire, si elle était censée rester au 36 ou rentrer chez elle. Elle décida d'aller faire un tour sur le bord des quais de Seine.

Pendant ce temps, le chef de la brigade criminelle resta pensif de longues minutes, seul dans son bureau. Ses yeux étaient fixés sur le gobelet en plastique blanc posé devant lui. Au bout d'un moment, il ouvrit un tiroir à sa droite et sortit une pochette en plastique pour classeur, puis il fit glisser le verre jetable jusqu'au bord de la table avec un stylo pour le faire tomber dans la pochette. Melki fourra ensuite le tout dans la poche intérieure de sa veste avant de quitter son bureau. À quelques pas de là, Joaquim Brauner affichait un regard satisfait en regardant Patrick Moyon à travers le miroir sans tain.

Le lendemain, en fin d'après-midi, une foule compacte de journalistes était pressée devant les portes du 36, Quai des Orfèvres. L'officier Jean-Pierre Melki allait arriver d'un instant à l'autre, pour annoncer officiellement la capture de l'Étrangleur d'étudiantes qui terrorisait Paris depuis huit mois.

À 17 h 12, le chef de brigade sortit devant les grandes portes en bois. Le crépitement des flashs d'appareil photo commença instantanément. Il prit la parole tant bien que mal dans le brouhaha et devant les dizaines de micros tendus dans sa direction.

– Aujourd'hui, 20 août 1977, aux alentours de midi, nous avons pu obtenir les aveux d'un suspect dans l'affaire des quatre homicides de jeunes femmes, désignées comme les victimes de l'Étrangleur d'étudiantes. Il s'agit d'un homme de 34 ans, qui n'a pas encore expliqué toutes les motivations de ses actes. Ce sera à l'enquête de les éclaircir. Tout ce que je peux déclarer pour le moment, avec une indescriptible consternation… Jean-Pierre Melki dû prendre quelques secondes avant de continuer, c'est que l'individu faisait partie de nos services.

Des exclamations de surprise montèrent de la foule.
Le chef de la brigade les ignora et continua sa déclaration.

– La confirmation de son implication dans les meurtres nous a été donnée dans la matinée par comparaison des empreintes digitales. La brigade criminelle n'a pour le moment rien d'autre à déclarer, mais je souhaite adresser toutes mes pensées aux familles des victimes et vous dire combien nous sommes tous profondément choqués par la nouvelle, ici au 36. Merci pour votre attention.

L'officier rentra immédiatement après sa prise de parole, sans accepter de questions, tandis que derrière lui se déchaînaient les flashs et les cris des journalistes qui tentaient d'attirer son attention.

Derrière la porte, Juliette Castelli l'attendait, le regard plein de compassion et de chagrin. Melki posa sa main sur l'épaule de l'enquêtrice et exerça une légère pression avant de repartir, sans dire un mot. Elle sourit tristement, consciente que ce geste valait tous les remerciements du monde.

Cette enquête est inspirée de l'affaire des étudiantes étranglées.

Page 54

8

L'ASSASSINAT DE NORIO SASAKI

Cédric Assolo continua d'une voix ferme :

– Si le conducteur a bien vu Élisa monter dans son bus vers 19 h, cela signifie que la jeune fille était déjà partie avant que le crime ne soit commis, puisque nous savons que monsieur Sasaki a fermé son épicerie à 20 h ce soir-là avant de rentrer chez lui. L'adolescente avait probablement prévu de fuguer depuis quelque temps déjà, avec la complicité de sa petite amie. Cela faisait visiblement longtemps qu'elle subissait les maltraitances de son père, elle en portait d'ailleurs les marques sur son corps... Cela signifie qu'Élisa est actuellement en fuite avec une personne dont nous ne connaissons pas encore l'identité. Morgane est-elle bien la jeune femme qu'elle prétend être ? La première urgence, c'est de retrouver Élisa pour s'assurer qu'elle est bien en sécurité. Il est possible qu'elle ait éteint son téléphone portable et ne soit pas encore au courant que son père a été assassiné. Ce ne serait pas vraiment étonnant qu'elle ait eu besoin de se couper des réseaux, quand on voit la haine qui la vise quotidiennement. Demain matin à son réveil, elle risque d'apprendre la nouvelle à la télévision ou sur Internet...

Rémy Grimaud buvait les paroles du commissaire.
L'enquêteur était surpris par la coïncidence des drames
que semblait amener l'hypothèse d'Assolo :

– Et donc, vous pensez que Norio Sasaki a été assassiné par un tiers, pour une raison tout autre que les violences familiales, et que tous ces enchaînements dramatiques seraient sans lien ? Un concours de circonstances malheureux, nous poussant à croire qu'Élisa aurait pu s'enfuir après avoir commis le crime ?

– Oui et non, répondit le commissaire. Nous devons attendre la confirmation des caméras de surveillance qu'Élisa Sasaki avait bel et bien quitté son domicile et se trouvait loin de Bayonne lorsque le meurtre a été commis. Mais partons de ce principe. La victime a été assassinée dans son sommeil, sans trace d'effraction. Que pouvons-nous en déduire ? Eh bien, probablement que Norio connaissait le tueur, qu'il l'avait laissé entré dans la maison et même, probablement, invité à rester dormir. Une personne qui, de surcroît, aurait un mobile pour commettre ce crime...
- Le grand frère d'Élisa... Benjamin ?

– C'est à lui que je pense, en effet. On sait que Benjamin a quitté le domicile familial dès qu'il en a eu la possibilité, et qu'il est parti vivre loin de son père et de sa sœur. Mais peut-être avait-il des remords, sachant qu'il avait laissé Élisa avec leur père violent ? Et s'il s'était mis en tête de la protéger ? Tu ne le sais peut-être pas, mais la Suisse est un pays très libéral concernant les armes à feu. Ben semble avoir beaucoup d'amis qui en possèdent, avec lesquels il va peut-être faire du tir en stand ou même de la chasse. Je pense qu'il était relativement facile pour lui de se procurer une arme en l'empruntant à un camarade, ou même en lui subtilisant. Il est impératif que nous contactions Benjamin Sasaki au plus vite. Nous devons le localiser, l'interroger et vérifier son alibi pour le 26 au soir.

Ben Sasaki finit par répondre aux appels cette nuit-là. Au téléphone, les enquêteurs ne lui firent absolument pas part de leurs soupçons à son égard, et lui demandèrent de venir à Bayonne au plus vite, pour les aider à recher

cher Élisa. Lorsque le jeune homme rencontra Cédric Assolo, le lendemain, le commissaire rusa pour tenter de le faire craquer : il lui fit croire que les enquêteurs étaient persuadés de la culpabilité d'Élisa et qu'ils avaient trouvé des preuves matérielles allant dans ce sens. Le commissaire insista même en disant que dans un pareil cas, Élisa pourrait être jugée et condamnée comme une personne majeure. Le subterfuge ne tarda pas à porter ses fruits. Benjamin Sasaki reconnut les faits. Son instinct protecteur envers sa petite sœur l'avait poussé à tuer Norio, il ne pouvait pas la laisser aller en prison à sa place.

Benjamin Sasaki expliqua qu'il avait pris sa voiture, le 26 septembre dans la matinée, avec pour objectif de récupérer sa petite sœur pour l'éloigner de leur père. Il avait bien senti, dans ses échanges avec Élisa, que la jeune fille était en danger dans cette maison. Il avait emprunté l'arme d'un de ses amis « juste au cas où ». Il expliqua qu'il pensait que cela suffirait à effrayer suffisamment son père, mais qu'il n'avait pas réellement envisagé de l'utiliser. Mais arrivé à Bayonne, rien ne s'était passé comme il l'avait prévu. Élisa n'était pas à la maison et Norio ne semblait ni savoir où elle était passée, ni s'en soucier. Selon Benjamin Sasaki, le père de famille avait tenu des propos abjects et homophobes concernant sa fille. Le jeune homme avait décidé de rester dormir pour attendre le retour de sa petite sœur mais, au milieu de la nuit, voyant qu'elle ne revenait pas, il avait totalement craqué.

Penché au-dessus de son père endormi, Benjamin Sasaki avait pensé : « Il te suffit d'appuyer sur la gâchette, et tout sera fini. » Élisa était loin, personne ne savait qu'il était venu à Bayonne… La suite était floue. Le coup était parti et Ben avait complètement paniqué. Il était remonté dans sa voiture et avait conduit pendant des heures dans un état second, jusque chez lui. C'est seulement une fois arrivé là-bas qu'il avait pris conscience de la gravité de son geste. Benjamin Sasaki avait lui aussi subi beaucoup d'abus lorsqu'il était petit. Sa mère ne l'avait jamais vraiment aimé. Son père le battait régulièrement, surtout lorsqu'il pleurait. Il ne supportait pas ce qu'il considérait être de la faiblesse chez le petit garçon. En grandissant, Benjamin Sasaki avait développé une personnalité complexe. Pour pallier sa sensibilité, il avait progressivement appris à se détacher de toute empathie. Solitaire, il était incapable de lier une relation intime avec qui que ce soit, pas même avec sa petite sœur qu'il aimait pourtant profondément.

Les psychologues qui évaluèrent le cas de Benjamin Sasaki estimèrent que le jeune homme avait projeté sur sa sœur une représentation de lui-même à son âge et, qu'en assassinant son père de cette façon, il avait tenté de se venger pour le mal qu'il avait lui-même ressenti.

Cette enquête est inspirée des affaires Gypsy Rose et Dee Dee Blanchard.

Page 62

9

La mort de Leïla Zitoun

Tristan Rivière avait demandé à parler à son chef et à tous ses collègues qui travaillaient sur l'affaire depuis deux jours. Il savait que l'hypothèse qu'il s'apprêtait à leur soumettre serait compliquée à défendre, mais qu'elle ne pouvait pas être écartée malgré tout.

– Si j'ai voulu discuter avec vous ce soir, c'est parce qu'une idée m'est venue concernant l'affaire Leïla Zitoun. Depuis hier, chacun d'entre nous a pris les dépositions des jeunes présents dans l'appartement samedi soir au moment de la chute de Leïla, et la première chose que je tiens à souligner, c'est la cohérence de leurs récits concernant le déroulement de la soirée. Teddy Moussaoui, Éva Gadhavi, Emma Poncet et Mehdi Costa nous ont tous rapporté les mêmes faits, ce qui semble laisser penser qu'ils disent la vérité. Pourtant, comme vous le savez, Leïla a de son côté laissé des messages en ligne dans lesquels elle disait clairement ne pas se sentir en sécurité dans l'appartement, et les voisins l'ont entendue appeler à l'aide avant qu'elle tombe du balcon, résuma Tristan pour commencer.
– Ils ont pu s'accorder sur une version des faits à donner et s'y tenir, suggéra une voix dans l'auditoire.
– Ils auraient pu, effectivement, concéda Rivière, mais nous avons commencé les auditions hier, rapidement après le drame, ce qui leur laissait finalement assez peu de temps pour accorder leurs versions. Évidemment, nous pouvons également suspecter qu'il s'agisse d'un meurtre prémédité et, dans ce cas, nous pourrions imaginer que tous ces jeunes gens aient pris le temps d'élaborer un scénario à l'avance.

Plusieurs têtes en face du lieutenant hochèrent en signe d'approbation. D'autres restaient cependant sceptiques.

– Seulement voilà, après avoir interrogé Teddy Moussaoui et relu le dossier, il m'est apparu que rien dans cette affaire ne nous indique qu'il puisse s'agir d'un homicide. En fait, les seuls éléments qui induisent cette suspicion nous ont été laissés par Leïla Zitoun, avant sa mort. Elle s'est d'ailleurs assurée que des traces numériques très accusatrices lui survivent. Sauf que si vous relisez attentivement le rapport d'autopsie, vous verrez que le corps de Leïla ne comporte aucune trace de lutte, pas d'ecchymoses indiquant qu'on l'ait saisie de force pour la pousser, pas de peau ou de tissu sous les ongles, alors que si elle avait tenté de se débattre et de s'accrocher à son agresseur pour ne pas tomber, on en aurait retrouvé.
– Les voisins l'ont quand même entendue crier à l'aide… objecta un policier.
– C'est vrai, mais ils n'ont pas rapporté avoir entendu d'autre voix. Elle seule savait aussi qu'elle enregistrait la dispute, quelques instants avant de mourir. Elle a donc pu nous induire en erreur et maquiller son suicide en meurtre afin d'entraîner ses anciens amis dans sa chute, si je puis dire… J'ai également remarqué que Leïla Zitoun semblait présenter beaucoup de troubles dépressifs : elle se scarifiait, comme l'indiquent les vieilles cicatrices sur ses poignets et ses cuisses. Elle prenait également un traitement antidépresseur, et semblait en proie à des idées de persécution depuis plusieurs mois déjà, ce qui avait déjà créé des conflits entre ses amis et elle.
– Drôle d'histoire, commenta une voix.
– Aussi hors du commun que puisse paraître cette affaire, elle n'est cependant pas inédite : dans le monde, on recense plusieurs cas de personnes qui se sont suicidées et ont tenté de faire passer leur mort pour un homicide par esprit de vengeance, un peu comme dans l'enquête de Sherlock Holmes *Le Problème du pont de Thor*. Voilà ce qui a motivé le geste de Leïla Zitoun et qui explique les incohérences de ce terrible drame.

Cette enquête est inspirée de l'affaire Warriena Wright.

Page 68

LE MEURTRE DE ROGER BLONDEAU

Gaston Le Berre et Joseph Machinero eurent tous les deux un mouvement de surprise. Justine Bianchi, elle, n'avait pas l'air si étonnée ; elle semblait surtout attendre la démonstration de génie qui s'annonçait. Le détective affichait un sourire d'intense satisfaction tout en observant les deux visages stupéfaits face à lui. Il laissa passer quelques secondes, le temps que le policier et le conservateur reprennent leurs esprits. C'est Gaston Le Berre qui s'exprima le premier :

– Vous l'a soufflée ? Mais que voulez-vous dire ? Mes yeux ne me trompent pas, Blondeau est mort, définitivement mort ! Ne me dites pas que vous faites partie de ces charlatans qui conversent avec les morts, Moberg, je vous croyais plus sérieux que cela…

Oscar souffla du nez, amusé. Il répliqua d'un ton qui frisait l'arrogance :

– Non, monsieur Le Berre, je n'ai pas été doté de pouvoirs si extraordinaires. Cependant, je suis né avec un esprit extrêmement logique et un regard observateur sur le monde. Là où vos yeux ne font que passer, les miens s'arrêtent et analysent.

En disant cela, Moberg s'approcha du *Radeau de la Méduse.* Tout dans ce tableau était fascinant : ses dimensions, son cadre, le réalisme des corps représentés, l'émotion qui s'en dégageait.

– Géricault a peint ce tableau quelques années après le naufrage de la *Méduse*, poursuivit le détective. Pour atteindre ce niveau de précision alors qu'il peignait les naufragés, savez-vous ce qu'il a fait ? Il a passé des heures dans la morgue de l'hôpital Beaujon, pour s'entraîner à esquisser des corps rigides et les chairs en décomposition. On dit même qu'il avait emporté des membres découpés dans son atelier pour les étudier. Mais ce n'est pas tout ! Théodore Géricault a également rencontré certains des survivants, des hommes qui ont survécu après des jours et des jours perdus en plein océan. Ces naufragés lui ont raconté le cauchemar qu'ils ont vécu, l'enfer dont ils sont revenus. Ces pauvres âmes avaient été abandonnées sur le radeau par leur propre capitaine. Vous vous rendez compte ? Comment peut-on imaginer une telle trahison ?

Le conservateur du musée, Joseph Machinero, s'impatienta :

– Mais enfin, détective, je ne comprends pas… Où donc voulez-vous en venir ? Quel rapport avec le meurtre dont nous sommes ici témoins ?
– Eh bien, monsieur le conservateur, permettez-moi de vous dire que vous n'êtes peut-être pas aussi fin connaisseur en histoire que vous l'êtes en art. Figurez-vous que la clé de toute cette affaire, c'est précisément ce tableau. Ce tableau que désignait monsieur Blondeau au moment de sa mort, comme vous pouvez le voir. Savez-vous comment les naufragés de la *Méduse* avaient surnommé leur radeau ?

Oscar Moberg avait posé cette question avec l'air ravi d'un professeur qui s'adresse à ses meilleurs élèves et s'attend à les voir s'écrier la bonne réponse tous en chœur.

– Non, personne, vraiment ? reprit-il, légèrement déçu. Ce radeau, ils l'appelaient la « Machine », monsieur le conservateur. Et c'est précisément pour cette raison que Roger Blondeau pointait du doigt cette peinture au moment de sa mort : pour que l'on comprenne que c'est vous le meurtrier.

Machinero eut beau nier, la découverte du Titien chez lui força le conservateur à reconnaître qu'il avait effectivement dérobé l'œuvre lui-même, avec l'aide d'un complice. Joseph Machinero avait tout prévu pour que le vol se passe le plus discrètement possible ; il avait notamment étudié le parcours habituel du gardien de nuit pour être sûr qu'il ne serait pas dérangé au moment du méfait. Malheureusement, tout avait dérapé lorsque Roger Blondeau avait décidé, exceptionnellement, de changer sa routine cette nuit-là. Terrifié à l'idée d'être dénoncé, Machinero n'avait pas hésité une seconde lorsqu'il avait assassiné son employé. Mais comble de l'ironie, au final, ce sont les tableaux qui l'avaient trahi.

Cette enquête est inspirée de l'affaire du meurtre de Ghislaine Marchal, dit « L'affaire Omar Raddad ».

Réponses jeux

Quiz page 40

Question 1 : le cannibale de Milwaukee
Question 2 : une prise d'otages dans une banque
Question 3 : le Cecil Hotel
Question 4 : la dactyloscopie
Question 5 : la Famille
Question 6 : des femmes âgées

Frise chronologique page 40

Réponses B-C-A

Déchiffrer le code page 41

Le code pour déchiffrer le message est le suivant :

A	*B*	*C*	*D*	*E*	*F*	*G*	*H*	*I*	*J*	*K*	*L*	*M*	*N*	*O*	*P*	*Q*	*R*	*S*	*T*	*U*	*V*	*W*	*X*	*Y*	*Z*
E	**F**	**G**	**H**	**I**	**J**	**K**	**L**	**M**	**N**	**O**	**P**	**Q**	**R**	**S**	**T**	**U**	**V**	**W**	**X**	**Y**	**Z**	**A**	**B**	**C**	**D**

« À l'attention des policiers,
Ces dernières semaines, j'ai essayé de me retenir. Vous croyez que je prends du plaisir à tuer ?
Je ne suis pas un monstre.
Je suis un homme blessé, un travailleur, un bon père. Enfin j'essaye...
À ma place, vous seriez autant en colère que moi.
Peut-être même que vous traqueriez des femmes aussi.
Ma mère, mes cousines, mes ex... Elles m'ont toutes rejeté. Je me suis toujours efforcé d'être un mec bien, mais ce n'est pas ce que veulent les femmes.
Elles vous rabaissent, vous humilient, elles se moquent de vous et en plus elles aiment jouer les victimes.
C'est fini maintenant. Je vais leur faire payer.
Après-demain, j'entrerai dans une classe de sport réservée aux femmes dans le centre-ville et advienne que pourra. Ce sera elles ou moi. »

Anagrammes page 41

David BERKOWITZ - Ed GEIN - Aileen WUORNOS

Quiz page 52

Question 7 : 4 victimes
Question 8 : John Wayne Gacy
Question 9 : la bête des Alpes
Question 10 : dans un archipel près des côtes australiennes
Question 11 : *The Dating Game*
Question 12 : en savons
Question 13 : un pentacle satanique

Anagrammes page 52

Anders BREIVIK - Ted BUNDY - Richard RAMIREZ - Charles MANSON - Ed KEMPER - Jeffrey DAHMER - Henry Lee LUCAS

Quiz page 53

Question 14 : l'Est parisien
Question 15 : planifiait de tuer autant de personnes qu'il y a de cases sur un échiquier (64)
Question 16 : extrêmement populaire et visité
Question 17 : il est considéré comme le plus grand faussaire du xxe siècle
Question 18 : une porte sur laquelle il y avait une inscription en lettres de sang
Question 19 : une hache

Frise chronologique page 53

Réponses C-A-B

9 différences page 72

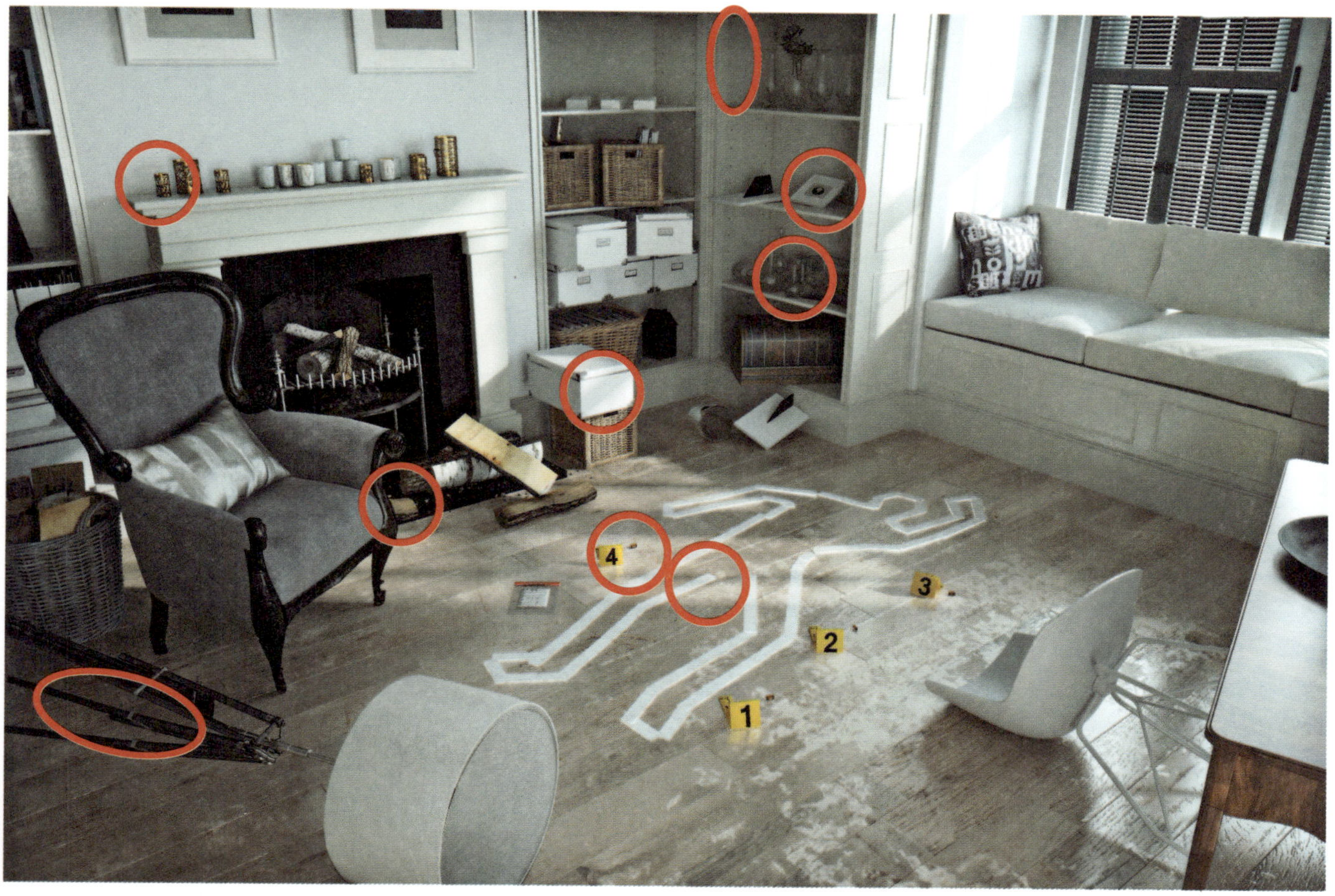

Quiz page 73

Question 20 : Ed et Lorraine Warren
Question 21 : le syndrome de Münchhausen par procuration
Question 22 : dans le métro
Question 23 : le Château
Question 24 : le crash au sol d'un objet volant non identifié
Question 25 : l'attentat au gaz sarin dans le métro de Tokyo

Frise chronologique page 73

Réponses : C-B-A

SONYA LWU

CRÉATION GRAPHIQUE
Thierry Sestier

ILLUSTRATIONS ET PHOTOS
© shutterstock
Couverture et page 3 (photo de Sonya Lwu) : © Jérôme Gimenez

Imprimé par Macrolibros en Espagne, en mars 2021
Pour le compte des éditions Hachette Livre (Marabout)
58, rue Jean-Bleuzen, 92170 Vanves

Dépôt légal : mai 2021
ISBN : 978-2-501-15751-3
3938934